国家社会科学基金重大项目（17ZDA323）核心成果
"十三五"国家重点图书出版规划项目

国家出版基金项目
NATIONAL PUBLICATION FOUNDATION

21世纪学习与测评译丛·杨向东 主编

Next Generation Assessment：
Moving Beyond the Bubble Test to Support
21st Century Learning

[美] 琳达·达令－哈蒙德（Linda Darling-Hammond） | 编

新一代测评：
超越标准化考试，促进21世纪学习

韩芳————译

CS 湖南教育出版社   WILEY

"21世纪学习与测评译丛" 编委会

主　编　杨向东

副主编　陈　芳　周文叶

编辑委员会（排名不分先后）

陈　芳　韩　芳　黄晓婷　杨向东　张雨强　周文叶

总　序

　　21世纪，人类已然跨入智能时代。科技正以史无前例的速度发展。未来学家雷·库兹韦尔曾预言，到2045年，人工智能将超越人类智能，到达人类发展的奇点。人工智能技术的飞速发展，给全球的经济模式、产业结构、社会文化生活带来了深远的影响。技术进步导致世界范围内经济模式从大工业时代进入信息时代，以创新驱动为特征的知识经济已成为现实。有研究表明，自20世纪60年代伊始，以体力劳动为主、有固定工作流程与规范的行业或职业正在逐渐被人工智能所取代，而需要审慎判断新情况、创造性解决陌生问题或任务的行业却大幅上升。人们不仅会在工作中越来越多地身处充斥着高新科技的环境，日常生活也变得越来越技术化和智能化。在教育领域，人工智能机器人可能会比人类教师更加准确地诊断学生在知识或技能上存在的不足，提供更有针对性的学习资源和支持。

　　工作环境与社会环境的变化给人力资源和个体生活带来了新的挑战和要求。就像今天的个体必须掌握人类的文字一样，信息技术素养成为智能时代公民的根本基础。与此同时，批判性思维、创新、沟通和交流、团队协作成为21世纪里个体适应工作和社会生活的必备能力。随着工作性质和社会生活变化速度的加快，个体将不可避免地面临更多复杂陌生的任务或场景，个体需要学会整合已有知识、技能、方法或观念，审慎地判断和分析情境，创造性地应对和解决问题，能够同他人协作开展工作和完成任务。生活流动性增加，需要个体适应多元异质的社会和环境，学会与不同文化、地域和背景的群体进行沟通和交流。日益加速的工作和社会变化，需要个体具备学会学习的能力，能够尽快适应新环境，成为有效的终身学习者。

　　新的时代要求我们重新认识教育的价值，重新思考21世纪学习的性质和特征。对学习性质的认识曾经历不同的阶段。20世纪初，在桑代克的猫反复尝试错误而试图逃离迷笼的时候，心理学家就试图从动物身上获取人类学习的机制。受此影响，行为主义将学习理解为刺激与反应之间的连接。从早期经典的条件反射到后期斯金纳的操作条件反射，行为主义者想通过强化机制和条件反射的结合，实现对人类学习的控制。这种以动物为隐喻的学习理论显然不适用于人类。20 世纪六七十年代，学习的信息加工理论兴起。以计算机为隐喻，人类个体被视为一个信息加工系统：长时记忆是人的"硬盘"，存储着各种类型的知识、表象或事件；感官是人的"外接端口"，从周边环境获取各种刺激或输入；工作记忆是人的"CPU"，在此实现信息编码、匹配、组织等各种心理操作。此时，学习被认为是一种人的内在心理过程，主要是如何对信息进行编码或组织以解决问题。这是一种个体的、理性的和客观主义的学习观。自 20 世纪 80 年代以来，在杜威、皮亚杰、布鲁纳、维果茨基等学者的思想启蒙和影响下，建构主义和社会文化观对学习领域产生了深刻的影响，对学习的认识回归人的内在本性。此时的学习被认为具有如下特征：

（1）主体驱动性（agency-driven）：人具有内在的发展需求，是能动的学习者，而非被动接受客观的知识。（2）情境化（situated）：知识呈现于相关的情境中；通过情境活动，发现并掌握知识。（3）具身性（embodied）：学习并非外部世界的心理表征，只需依赖知觉和理性即可把握；学习是在学习者（身心）与世界互动过程中展开的。（4）社会文化限定性（social-culturally shaped）：学习始终是在特定社会和文化场域中发生的实践活动；社会互动和协作不仅是促进学习的影响因素，更是学习的本质所在；文化形成于并反过来塑造了学习者的活动、观念（知识）和情境。

在新的观念下，学习越来越被认为与特定社会文化不可分割，与学习者及其所处群体的现实生活和经验不可分割，与学习者的认知和自我、动机、情感、人际互动等不可分割。进入 21 世纪，该领域越来越强调在现实世界或虚拟现实场景下，个体、社会、文化等方面的动态整合和互动，强调整合观下正式和非正式学习环境及课程的创设，关注儿童在解决真实问题和参与真实性实践的过程中认知、情感、社会性、认识论及价值观的发展。近几十年来西方涌现出来的合作学习、项目式学习、问题式学习、抛锚式教学法、认知学徒制、设计学习、创客等新型学习方式，都与这种观念的转型有着深刻的内在关联。

新型学习观对测评范式和路径产生了深远影响。面向 21 世纪的测评不再限于考查学习者对特定领域零碎知识或孤立技能的掌握程度，而更为关注对高阶思维——如推理和劣构问题解决能力——的考查，关注学习者在批判性思维、创新、沟通和交流、团队协作等 21 世纪技能上的表现。在测评任务和方式上，新型测评更为注重真实情境下开放性任务的创设，强调与学习有机融合的过程性或嵌入式（embedded）的测评方式，在学习者与情境化任务互动的过程中收集证据或表现。借助现代信息和脑科学技术，测评数据也从单一的行为数据向包含行为、心理、生理、脑电波等方面的多模态数据转变。所有这些，对测评领域而言，无论是在理论、技术层面还是实践层面，都带来了巨大变化，也提出了新的挑战。

自 21 世纪初经济合作与发展组织（Organization for Economic Co-operation and Development，OECD）发起"核心素养的界定和选择"项目以来，世界上各个国家、地区或国际组织都围绕着培养应对 21 世纪生活和社会需求的核心素养或 21 世纪技能进行了一系列教育改革。2018 年 1 月，教育部印发《普通高中课程方案和语文等学科课程标准（2017 年版）》的通知，开启了以核心素养为导向的新一轮基础教育课程改革。本质上，核心素养是 21 世纪个体应对和解决复杂的、不确定性的现实生活情境的综合性品质。以核心素养为育人目标蕴含了对学校教育中学习方式和教学模式进行变革的要求。核心素养是个体在与各种复杂现实情境的持续性互动过程中，通过不断解决问题和创生意义而形成的。正是在这一本质上带有社会性的实践过程中，个体形成各种观念，形成和发展各种思维方式和探究技能，孕育具有现实性、整合性和迁移性的各种素养。它要求教师能够创设与学生经验紧密关联的、真实性的问题或任务情境，让学生通过基于问题或项目的活动方式，开展体验式的、合作的、探究的或建构式的学习。

课程改革的推进，迫切需要将 21 世纪学习和测评的理念转化为我国中小学教育教学的实践。"21 世纪学习与测评译丛"正是在这种背景下应运而生的。针对当前的现实需求，译丛包含了面向 21 世纪的学习理论、新一代测评技术、素养导向的学校变革等主题。希望本套丛书能为我国基础教育课程改革研究和实践提供理念、技术和资源的支持。

本译丛曾得到教育部基础教育课程教材专家工作委员会副主任朱慕菊女士和杭州师范大学张华教授的鼎力支持，在此向他们表示衷心的感谢。

杨向东

2019 年 2 月 20 日

作者简介

贾马尔·阿贝迪（Jamal Abedi）是加利福尼亚大学戴维斯分校教育学教授，专门研究教育与心理评价。他的研究重点是英语语言学习者的测试及与之相关的技术特征和问题解读。自 2010 年至今，阿贝迪担任智能平衡评估联盟（SMARTER Balanced Assessment Consortium，SBAC）技术顾问委员会的成员。此前，他曾担任美国教育部有限英语能力合作项目专家小组成员，是美国教育研究协会大规模测评的接纳与适应特别兴趣小组的创始人和主席。2008 年，加州教育研究协会授予他终身成就奖。他从范德比尔特大学获得博士学位。

弗兰克·亚当森（Frank Adamson）是斯坦福教育机会政策中心（Stanford Center for Opportunity Policy in Education，SCOPE）的政策分析师和研究员，当前关注州、国家和国际层面的深度学习与 21 世纪技能的测评。他也从事教育公平和学习机会的研究，并已发表有关纽约州和加州劳工市场上教师薪资差异的研究成果。在加入 SCOPE 之前，他曾任职于美国研究所和斯坦福国际研究院，设计评价体系，评估美国教育计划，并为经济合作与发展组织（Organization for Economic Co-operation and Development，OECD）和联合国教科文组织（United Nations Educational，Scientific and Cultural Organization，UNESCO）开发国际指标。他在斯坦福大学取得社会学硕士学位和国际比较教育专业博士学位。

吉莉安·辛格思（Jillian Chingos，原名 Jillian Hamma）目前是加州圣何塞市阿尔法：布兰卡·阿尔瓦拉多初中（Alpha：Blanca Alvarado Middle School）六年级教师。她毕业于达特茅斯大学，主修英语，辅修公共政策，获得了教学资格证书。她之前在斯坦福评价、学习与公平中心（Stanford Center for Assessment，Learning and Equity，

SCALE）工作，开发和研究表现性评价。

大卫·T. 康莱（David T. Conley）是教育政策与领导力领域的教授、俄勒冈大学教育政策研究中心的创始人和主任。他同时也是教育政策改进中心的创始人、首席执行官和首席战略官，以及位于俄勒冈州尤金和波特兰两地的 CCR 咨询公司的主席。他通过这些机构，在多个全国性组织、州、学区及学校网络的经费支持下，广泛研究了有关大学入学准备及其他关键性的政策问题。他的研究重点是学生如何从中学后教育中获得成功。他的最新著作《为大学、职场和共同核心标准做好准备》由约塞巴斯出版社出版（更多信息请参见 www.collegecareerready.com）。

琳达·达令-哈蒙德（Linda Darling-Hammond）是斯坦福大学教育学教授、斯坦福教育机会政策中心的学术主任。她曾任美国教育研究协会主席，是美国国家教育科学院的院士，并于 2008 年担任奥巴马总统教育政策过渡小组的负责人。她主要从事教育公平、教学质量、学校改革和表现性评价问题的研究。她的著作《扁平的世界与教育：美国对公平的承诺如何决定我们的未来》于 2002 年荣获著名的格文美尔大奖（Grawemeyer Award）。她于 2013 年又出版了《正确评估教师：什么对绩效和改进最重要》。

贝弗莉·福尔克（Beverly Falk）是纽约城市大学教育学院教授和早期儿童教育研究生项目的负责人。她的研究专长包括早期儿童教育、早期读写、表现性评价、学校变革、教师教育和教师研究。她曾担任多种教育角色：课堂教师、学校创办人和主管、学区行政人员，学校、地区、州和全国性组织中的顾问、成员和领导。她目前是杂志《新教育家》（*New Educator*）的编辑和斯坦福评价、学习与公平中心的高级研究员。她从哥伦比亚大学教师学院获得教育学博士学位。

安·贾奎思（Ann Jaquith）是斯坦福教育机会政策中心的副主任。她曾参与多项旨在改革纽约州、俄亥俄州和加州学校的表现性评价项目。基于其作为教师和管理者的经历，她具有构建表现性评价所需要的教学和领导能力。她的研究兴趣包括研究如何在不同水平的系统内培养教学能力，并考察专业培训机构改革教学和提升学生学习能力的实践。她从斯坦福大学获得课程与教师教育专业的博士学位。

斯图亚特·卡尔（Stuart Kahl）是量化性进展高级测量与评估系统公司的创始人和首席执行官。他曾担任小学和中学教师，曾就职于联邦教育委员会（Education Commission of the States，ECS)、科罗拉多大学和 RMC 研究公司。他经常担任行业会议的发言人，同时担任多个教育机构的技术顾问。他最知名的研究领域是非选择题考试的标准制定及课程与评估的匹配研究。他从科罗拉多大学获得哲学博士学位。

苏珊·莱恩（Suzanne Lane）是匹兹堡大学的教授。她最新的研究包括 20 世纪 90 年代课堂教学的经验和成就对新一代评价的意义，21 世纪思考能力的评价，以及行动理论、效度和效果之间的相互影响。她曾是美国教育测量学会的主席（2003—2004）和美国教育研究协会 D 部副主席（2002—2003）。她从亚利桑那大学获得方法论、测量与统计专业博士学位。

威廉·蒙塔古（William Montague）是弗吉尼亚大学法学院的在读学生。他的职业生涯始于北卡罗来纳州罗阿诺克市高中英语教师一职，是非营利组织"为美国而教"（Teach for America，TFA）的成员。此后任职于华盛顿特区独立学校的"独立教育"协会。其间，他与机构的常务董事、资深教育作家兼政策分析师汤姆斯·托克（Thomas Toch）合作了多个项目。他在弗吉尼亚大学主修经济和历史，获得文学学士学位。

约翰·奥尔森（John Olson）是成立于 2008 年的评价解决方案集团（Assessment Solutions Group，ASG）的高级合伙人。他也是奥尔森教育测量与评价服务公司的董事长。该公司成立于 2006 年，是一家为各州、学区、联邦团体、测评公司和研究者提供技术援助和支持的咨询机构。他 30 多年来任职于哈克特心理测评公司、州首席教育官理事会、美国研究院和教育统计服务研究所，拥有国际、国内、州和地方评价项目中各种测量和统计问题的管理和咨询经验。他曾多次在教育考试服务公司负责的全国教育进展评价项目中担任领导角色。他从内布拉斯加大学林肯分校获得教育统计与测量专业博士学位。

玛格丽特·欧文斯（Margaret Owens）现为旧金山教堂高中的教师。她从斯坦福大学获得教师资格和硕士学位。她主要研究新兴教学策略，如综合性教学，让原本不喜欢数学的学生更加乐于合作和投入。她曾在斯坦福大学学习政治科学，尤其关注美国教育。

雷蒙德·皮切诺（Raymond Pecheone）是斯坦福大学的实践教授，斯坦福评价、学习与公平中心（SCALE）的创始人和执行董事。在皮切诺的带领下，SCALE 致力于为学校、地区和州层面学生、教师和管理者开发表现性评价和基于表现的教学系统。成立 SCALE 之前，他曾历任肯塔基州教育部负责课程、研究与评价的局长，全国教学专业标准委员会第一个评价开发实验室的副主任，支持纽约州大学评议会重组的项目主任。最近，皮切诺和SCALE在为全国智能平衡评估系统编制表现性评价的规范和任务。他从康涅狄格大学获得测量与评估专业博士学位。

劳伦斯·O. 皮克斯（Lawrence O. Picus）是南加州大学罗西尔教育学院教授和副院长。他是学校公共资金筹集、学校经费的公平与适度、学校商业管理、教育政策、学校资源与学生表现的关联和学校资源分配等领域的专家。他当前的研究兴趣主要是学校经费的适度性和平等性，以及K－12教育项目的有效性和高效性。他是教育经费与政策协会前任主席，在教育资源董事会任职12年，曾为20多个州就教育经费问题提供了广泛的咨询服务。他从兰德研究生院获得公共政策分析专业博士学位，从芝加哥大学获得社会科学硕士学位，从里德大学获得经济学学士学位。

艾德·勒贝尔（Ed Roeber）是评价解决方案集团的顾问，曾历任密歇根州教育部州评价部主任、州首席教育官理事会学生评价项目主任、量化进展公司副主席和密歇根州立大学副教授。他在评价解决方案集团和其他组织中，就学生评价相关的项目及功能为各州和其他组织提供建议。现在他是多个组织的学生评价方面的顾问（密歇根评价联盟、密歇根州立大学和威斯康星教育研究中心）。他在教育评价领域著述颇丰，为多个机构和组织提供咨询，并时常就学生评价问题公开发声。他从密歇根大学获得教育测量专业博士学位。

布莱恩·施特克（Brian Stecher）是兰德教育机构的资深社会科学家和副主任，是帕地兰德研究生院的教授。他主要研究教育质量测量和教育改革评估，尤其关注评价和问责系统。他在兰德任职的20多年里，指导了《不让一个孩子掉队》法案的全国和州级评估、数学和科学的系统改革及小班改革。他在测试领域的专长包括考试开发、测试效度验证及使用评价改进学校等。他是国家科学院（National Academies）与标准、评价和问责方面的专家团成员，目前也是测试与评价委员会成员。他从加州大学洛杉矶分校获得博士学位。

汤姆斯·托克（Thomas Toch）是卡内基基金会负责公共政策参与的高级管理合伙人，也是卡内基基金会华盛顿办事处的主任。他是智囊团"教育界"的创始人和前主任，曾是布鲁金斯研究所的访问学者，并在哈佛大学教育学院授课。20世纪80年代，他协助《教育周刊》（*Education Week*）创刊。他作为资深教育记者在《美国新闻与世界报道》专栏任职十年，也为《亚特兰大》（*Atlantic*）、《纽约时报》（*New York*

Times）和其他国家级刊物投稿。他的作品两度被提名"国家杂志奖"（National Magazine Awards）。他也创作了有关美国教育的两本书：《卓越的名义》（牛津大学出版社）和《人性化的高中》（灯塔出版社）。

巴里·托普（Barry Topol）是评价解决方案集团的管理合伙人。他带领 ASG 为各州、大学和其他非营利机构提供评价成本、管理，以及州问责系统的分析和咨询。自 2008 年成立 ASG 以来，托普和 ASG 已经与多个州、大学及职业准备评价联盟、智能平衡评估联盟合作，帮助其设计更高效的评价和问责系统。他设计了 ASG 的评价成本模型，这是业界唯一一个可以为任何评价确定合理价格的模型。他从加州大学洛杉矶分校获得经济学学士学位，从该校安德森管理学院获得工商管理硕士学位。

致　谢

本书汇集了一本论述更为丰富的著作，即约塞巴斯出版社（Jossey-Bass）出版的《超越标准化考试：表现性评价如何促进 21 世纪学习》一书中的重要观点，其总结了表现性评价的开发、实施及结果的研究经验。本书大规模考察了美国和其他国家表现性评价的经验和教训，包括技术进步、可行性问题、政策建议、在英语学习者中的运用及成本等。

本书得到福特基金会、休利特基金会、内莉·梅教育基金会和桑德勒基金会的资助，以及顾问委员会的指导。本书顾问委员会由教育研究人员、实践者和政策分析师组成，受理查德·沙沃森（Richard Shavelson）的得力领导。委员会订立了所有征集论文的规范并审核了论文终稿，最终收入本书各个章节。我们在此对以上资助方和顾问委员会成员给予的支持和智慧致以诚挚的谢意，这些成员包括：伊娃·贝克（Eva Baker）、克里斯多夫·克罗斯（Christopher Cross）、尼克拉斯·多纳休（Nicholas Donahue）、迈克尔·福伊尔（Michael Feuer）、爱德华·哈泰尔（Edward Haertel）、杰克·詹宁斯（Jack Jennings）、彼得·麦韦德（Peter McWalters）、洛丽·谢帕德（Lorrie Shepard）、吉列尔莫·索拉诺-弗洛雷斯（Guillermo Solano-Flores）、布伦达·维尔伯恩（Brenda Welburn）和吉恩·威尔霍伊特（Gene Wilhoit）。

本书的作者们感谢所有的教育工作者和其他改革者，他们多年来投入成千上万小时开发和实施周密的课程和评价体系，以支持学生和教师的学习。

我们还要感谢桑娅·凯勒（Sonya Keller）对编辑工作有益和细致的帮助，感谢萨曼莎·布朗（Samantha Brown）保障论文获准收录到本书。这些论文的早期版本由芭芭拉·麦肯纳（Barbara McKenna）成功出版成集。没有他们的辛劳付出，本书难以完成。

目　录

第一章　超越标准化考试……………………………001

第二章　表现性评价的界定……………………………012

第三章　美国和其他国家表现性评价的实践………………………024

第四章　表现性评价如何支持学生和教师的学习……………………033

第五章　迎接表现性评价的挑战………………………042

第六章　提供负担得起的高质量评价……………………057

第七章　构建评价系统………………………066

第八章　结　语………………………081

注　释………………………085

索　引………………………098

第一章　超越标准化考试
表现性评价如何支持深度学习

我要号召我国的州长们和州教育部部长们开发标准和评价，不仅仅测试学生是否能在标准化考试中填空，而且要评价学生是否具备 21 世纪技能，如问题解决、批判思维、创业精神和创造力等。

——贝拉克·奥巴马总统，2009 年 3 月

教育标准与评价的改革是世界各国的一个永恒的主题。为了和教育方面迅猛发展的国家齐头并进，美国各州州长和州首席教育官最近发布了一套《共同核心州立标准》（Common Core State Standards，CCSS），旨在提出当今和未来世界范围内成功所需的、具有国际水准的概念和技能框架。[1]这些标准想要确立"更少、更高和更深入"的课程目标，目的是确保学生为大学和职场做好准备。

这一目的正在深刻地影响着教学和测评的改革。正如奥巴马所指出的，真正地为大学和 21 世纪职业做准备，以及参与当今民主社会，其要求远远高于学校考试中的"填空"。学生需要能够在新环境中发现、评估和综合运用知识，设计和解决非常规问题，产出研究结果和解决方案。同时，学生也需要获得良好的思维能力、问题解决能力、设计和沟通能力。

这里所说的 21 世纪技能，是全世界改革者数十年来一致敦促学校追求的身处由科技连接、快速变化的复杂世界中所需的技能。正如经济学家弗兰克·利维（Frank Levy）和理查德·莫尼恩（Richard Murnane）的研究所表明的，对应用于工厂工作、曾经刺激工业经济的常规技能的需求已急剧下降，其已被计算机化、外包，或者由于工作性质的快速变化而不再需要。现在需求最大的技能是非常规的互动性技能，其对合作创新和问题解决非常重要（见图 1.1）。

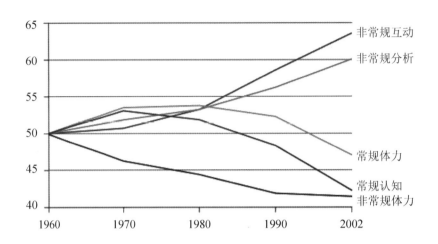

图1.1　技能需求的变化趋势：对常规和非常规任务投入的整体经济测量

资料来源：Murnane R,Levy F(1996).Teaching the new basic skills:Principles for educating children to thrive in a changing economy.New York,NY:Free Press.

　　从某种程度上讲，这是由于知识在以惊人的速度增长。据加州大学伯克利分校的研究者估计，从 1999 年到 2002 年全世界生产的新信息量超过了之前整个世界历史上产出的信息量总和。[2]当时，新技术信息的数量每两年翻一倍。现在，每年翻一倍。[3]

　　因此，成功的教育不能再以这种方式组织：将一套知识经验分摊到 12 年的学校教育中，每年一点一点地发放。取而代之，学校要以帮助学生学会如何学习的方式传授学科知识，这样学生就能够将所学的知识应用到新的情境中，应对不断变化的信息技术、工作和社会环境的需求。

　　这些问题已推动了世界各国的教育改革。例如，新加坡准备改革其评价系统时，当时的教育部部长尚达曼指出："（我们需要）减少对机械学习、重复性考试和'一刀切'的教学方式的依赖，应更多依靠参与式学习、体验式发现、差异性教学、终身能力的学习、品格培养，从而使学生能获得未来成功所需的个性、思维方式、品格和价值观。"[4]

　　无论在不断变化的工作性质和国际竞争的背景下，还是近期对共同标准的倡导，今天重视的不但是学生对信息的获取，而且是学生认识到哪种信息重要、为什么重要，以及如何将之与其他信息相联结。[5]记忆片段式的知识不再是学习过程中最重要的任务，而学生学会如何应用知识才是真正重要的。

测试对学习的影响

20世纪90年代兴起了基于标准的教育改革，改革旨在将教育系统转向21世纪技能，其引领很多州和地区开发包括开放式评价在内的教育系统，评价学科的核心理念和表现。[6]其成果包括作文、数学任务、研究报告、科学调查、文学分析、艺术展示，由经过专业训练的教师进行可靠的评估。研究发现，以上工作提高了加利福尼亚州、肯塔基州、缅因州、马里兰州、佛蒙特州和华盛顿州[7]的教学质量，也提高了其传统的标准化考试和更复杂的表现性评价的学业成就。[8]

然而，随着实施困难、测评成本高，以及与2002年颁布的联邦教育法案《不让一个孩子掉队》的要求相冲突等问题的出现，表现性评价在美国搁浅触礁。[9]虽然《不让一个孩子掉队》法案提出了提高和均衡学校学业成就等值得称道的目标，但其基于考试的问责办法最终降低了几乎所有州的评价质量。

许多州终止了其在20世纪90年代开发的评价体系中对写作、研究和解决扩展型问题方面的要求，取而代之的是选择题和简答题考试。各州放弃了表现性评价，某种程度上是由于美国教育部对考试类型的限制，教育部尽管在法律条文中支持表现性评价，但还是根据《不让一个孩子掉队》的条款审核各州的计划。

另外，各州必须适应《不让一个孩子掉队》法案规定的严格的考试时间期限和法律要求的每年测评每名儿童而导致的成本剧增。这些因素一起导致考试形式严重依赖可以用机器快速评分且花费较少的选择题型。由于其本身的性质，这些考试并不能很好地评判学生表达观点和整理论据的能力，或充分展示其他高阶能力。

2009年，美国国会的研究部门美国审计总署（Government Accountability Office，GAO）指出，在《不让一个孩子掉队》法案施行时期，为了在紧张的时间框架内以较低的费用进行测评，各州对选择题型为主导的考试的依赖性剧增。同时，州教育官员们"声称面临着竭力评价高度综合的内容与调节成本和时间压力之间的取舍"。[10]

实际上，兰德公司 2012 年的一项研究发现，当时州一级考试中，不到 2% 的数学考试题和 20% 的英语语言艺术考试题会测试高阶技能。[11] 以测试用语来说，这些能力如分析、综合、比较、联系、批判、假设、证明、解释观点等，代表了韦伯认知要求分类中的知识水平 3 和 4。[12] 水平 1 和 2 代表回忆、再认和常规程序使用等低阶技能。

此项研究与其他研究的结果如出一辙[13]，这特别令人担忧，之所以选择这些州，是因为其课程标准被认为是特别严格的。兰德公司研究发现，选择题几乎不能测试高阶技能，其支配地位严重限制了认知要求水平。因此，州一级标准中的高要求常常得不到有效测试。

评价专家洛丽·谢帕德（Lorrie Shepard）和其他专家发现，当教师直接根据特定的高利害关系考试（high-stakes tests）的内容和题型进行教学时，学生常常不能将知识迁移到以不同形式测试的题目中。[14] 而且，学生回答选择题的能力并不代表其回答同一考查点的开放式问题的能力。实际上，当学生未被提供答案或没有可以猜测的选项时，其分数常常直线下降。因此，不仅是在其他考试中，而且更重要的是在现实世界里，过多使用选择题类型考试会错误地评判学生知道什么和能做什么[15]。

正如布莱恩·施特克所指出的，选择题考试不能反映现实世界中行为表现的本质，其很少呈现给人们结构化的选择。[16] 可能除了一些电视竞赛节目，在现实世界中，我们通过将知识和技能应用于没有预设选项的环境中来证明我们的能力。这其中包括以下情境：保持自己收支平衡，购买食材来做饭，阅读报纸上的文章并提炼观点，评价顾客的抵押品价值，询问病人、安排检查、诊断病人的病情，等等。甚至在学校环境中，典型的学习活动也涉及多种能力，并以一种综合性的展示结束，如劝说信、小组项目、研究报告、橄榄球的第一次进攻、乐队演奏会和艺术品。而这些内容几乎不会让大众或学生必须在四个不同的选项中做出选择。

如果不将考试用于更多的高利害关系决策，这将不会是一个重要问题。当前，联邦、州和地方政府已制定了相关政策，即通过考试分数来决定学生的升级、能力分班及毕业，教师的任期、续用和报酬，对学校的奖励和处罚（包括资助的减少和终止）。

一系列研究表明，不论好坏，用于决策目的的考试可能会促使课程和教学以模仿考试内容和题型的方式进行。[17] 因为学校倾向于传授测试的内容，将测试简单技能的选择题型扩展到课程和大量的考试准备活动中，这尤其减少了低学业成就学生获得《不让一个孩子掉队》法案为之寻求的较高教学标准的机会。这也给学习程度较高的学生设置了一道无形的障碍，学生无法在这种考试中展示自己能力的深度和广度。这些考试阻碍了教师通过让学生做实验、做口头陈述、广泛写作和进行既具有智力挑战性又能激发学生学习兴趣的活动而传授更高阶的能力。[18]

这就是为什么越来越多的教师和决策者认为需要新的评价体系的原因。例如，一个由州长、企业领导者和教育领导者组成的全国性组织"成就"（Achieve），呼吁一种更全面的评价观："各州……将需要超越大规模评价，因为与其自身同样关键的是，大规模评价不能测量对年轻人的教育至关重要的每一项内容。雇主和中学后教师认为是必不可少的技能，如做有效的口头论述和开展有意义的研究项目，却很难在纸笔考试中得到测试。"[19]

《不让一个孩子掉队》法案的学校问责模型和强化其效能的标准化考试，没有促进教育界对面向所有学生的 21 世纪技能的追求。它充其量为美国学生制定了一个学术下限，即使法案本身倡导学校为学生达到较高标准而教学。虽然许多学习吃力的学生需要进行大量阅读和数学练习来跟上进度，但有充分的研究表明，在历史、科学和其他学科环境中学习复杂阅读技能和理解所需词汇的效果最佳。[20]然而，正如教育政策中心所证实的，《不让一个孩子掉队》法案窄化了许多学生的课程学习范围，以损害其他重要的学习内容为代价，鼓励教师注重考试的内容和题型。[21]

正如一位教师在一项全国调查中所提到的：

> 在我们的州考试政策出台之前我是一名很好的教师。我让我的孩子们进行广泛的科学和社会学科体验。我通过主题教学，让孩子们使用自己的阅读、写作、数学和技术技能真正沉浸在专题的学习中。而现在我可以说是对"为了考试而不教"感到害怕。我认识到，我过去的教学方式才是为我的学生们及他们对学习的热爱奠定了较好的基础。

另一位教师回应研究者的研究结果时说道：

> 我见过太多这样的学生，他们能通过（州考试），但仅限于以（纸笔）考试题型的形式进行，他们无法将这些能力应用于其他任何方面。我有一些学生，他们能顺利通过考试，但不会在字典中查字词并理解其不同的含义……至于这些测试是否能带来更高质量的教学，我并不确定。由于及格分数的压力，越来越多的时间被用于练习考试和把所有的知识点塞进考试模式中。[22]

第三位教师则关注到许多专家所指出的——快速学习广而不深的课程中会因考试的题目而带来压力：

> 我认为，（州考试）在逼着学生和教师匆匆地快速完成课程，而不是注重让学生充分理解数学中的某一概念，我们必须匆匆完成所有科目，以便准备参加 3 月份的考试。如此一来，学生只了解了一种表层知识，他们许多时候在很多领域仍知之甚少。实际上，我宁愿在一个概念上花费一个月时间，看着学生深入地学习。[23]

相关国际调查显示，相比之下，数学和科学得分较高的国家，每年教授较少的概念，但比美国教得更深入，因而学生为高年级的高阶学习打下了较为坚实的基础。[24] 具有讽刺意味的是，那些要求在一个学年里测试更多题目的州，往往会鼓励更表层的知识覆盖面，这导致学习不够牢固。

因而不足为奇的是，虽然基于《不让一个孩子掉队》法案的问责目的的州考试中，学生的分数大幅提高，但在测试学生将所学知识应用于新问题的能力的考试中，如国际学生评估项目（program for international student assessment，PISA），他们的分数并没有得到相应的提高。美国的 PISA 分数从 2000 年到 2012 年间几乎没有变化。在实施了近 10 年基于考试的问责体系之后，2012 年，美国在经济合作与发展组织成员国中，数学排名第 32 位，科学第 23 位，阅读第 21 位。而且，在所有科目中美国学生在问题解决任务中得分最低。[25]

PISA 不同于美国的大多数考试，因为它的多数题目要求学生给出自己的答案，要求斟酌和权衡证据、评估观点、查找和处理用来回答复杂问题的信息，以及解决问题。这些题目设置类似于其他国家普遍采用的考试形式，其通常使用拓展型的作文题和复杂的开放式问题来评估知识。许多高学业成就国家的学生还必须设计和完成科学调查、技术问题和研究项目等考试内容，确保自己为大学课程做好准备。

与此相反，除了少数例外，《不让一个孩子掉队》法案施行时期美国大多数州的考试相比 20 世纪 90 年代已经不太注重高阶技能，即使考试对课程和课堂教学发挥着越来越重要的影响。这样，当高学业成就国家的学生在努力为大学学习和现代职场的成功做准备时，美国学生一直在为选择题类型考试而操练，这种类型考试注重对简单的正确答案的辨识，而不是产出观点。

构建更好的评价新机遇

除了英语语言艺术和数学学科新的《共同核心州立标准》，州联盟还开发了《新一代科学标准》（Next Generation Science Standards），以更高智力要求的学习和教学为目标。我们对学生的期望和测量学生是否达标的评价之间存在着严重偏差，这些新标准提供了一个解决此问题的机会。美国有可能创建一种新一代的评价体系，以《不让一个孩子掉队》法案对提高传统上受教育不足的学生群体的教育承诺为基础，同时也测试更广泛的技能，并将这些技能的传授作为教学的一部分。

为达到国际标准，新的评价体系将更侧重于测试专家所称的表现性评价——其设定的任务要求学生精心给出自己的回答，而不仅仅是勾选选择题的选项。研究者认为，通过发掘学生的高级思维能力和解释推理能力，表现性评价能更全面地展现学生的优势与劣势。让教师在作文题评分和其他表现性评价中发挥作用，就像今天的大学预修课程项目和国际学士学位项目的做法一样，通过表现取向的评价鼓励教师教授评价所测量的技能，并促进教师学会如何教学。也就是说，与《不让一个孩子掉队》法案所要求的相比，这些测量会更直接地把注意力集中在课堂教学的改进上。

最近发布的由教育考试服务中心赞助，美国课程、教学和评价权威专家撰写的戈登委员会（Gordon Commission，2013）的报告，是这样描述最关键目标的：[26]

> 为促进实现《共同核心州立标准》中所确定的学习目标，评价体系必须充分体现这个日益复杂和变化的世界所要求的素养。最好的评价将促进这些素养的获得，只要它能指导教师的行动、使学生能够评估自己的进步。为此，评价中的任务和活动必须是教师和学生值得关注和付出精力的典型。委员会呼吁各级决策者积极推进当前评价实践中需要的转变……评价系统（必须）足够的稳健以推动为达到教学标准所要进行的教学改革……为教师提供有用的、反映学生学习情况的依据。

建立评价体系来评估《共同核心州立标准》的多个州合作联盟——大学和职业准备评价联盟（SBAC）及智能平衡评估联盟（PARCC），准备在这方面至少迈出一小步。这两个联盟的评价体系在2014—2015年启动，增加了建构性应答题和表现性任务。

新的联盟评价规划表明，它们将提高认知要求，提供更多需要学生分析、批判、评价和应用知识的任务。例如，一份对《智能平衡评估联盟内容说明》的分析发现，68％的英语语言艺术评价目标和 70％的数学评价目标意在挖掘这些高阶技能。[27] 两个联盟发布的任务取样包括表现性任务，其鼓励教学侧重于帮助学生通过更复杂的方式获得和使用知识（见展示 1.1 和 1.2）。

展示 1.1　数学表现性任务

智能平衡评估联盟 6 年级任务：规划一次出游

课堂活动：教师介绍主题，激活学生以前规划出游的知识。

·引导全班学生讨论：以前他们和学校、青年小组或家庭到哪里出游过或其他外出情况。

·绘制一个图表，通过列出学生们的首选清单，展示全班的优先选择，然后对他们最想出游的地方进行投票，随后全班讨论出最优选择。

学生任务：每名学生需要完成以下活动。

·基于他们对班级投票情况的分析，建议他们班可以去哪里出游。

·基于图表所显示的每个地点的距离、门票价格和公交车费的计算公式，准确算出每个学生到三个不同地点出游的费用。

·使用成本图表中呈现的信息，评价学生要去动物园的提议。

·基于对所有信息的分析，给教师写一个短笺，对班级应该选择哪个地点出游给出建议和佐证。

大学和职业准备评价联盟高中任务：水中的高尔夫球

A 部分：在考察放进一杯水中的高尔夫球对水位的影响的实践中，学生分析相关数据，并进行以下活动。

·通过确定平均变化率，探究近似的线性关系。

·使用符号表征模拟这种关系。

B 部分：学生提议修改实验条件以提高变化率。

C 部分：学生通过考察使用更小半径的杯子时结果的变化，用两者的参数解释线性函数。

·解释两个图表的纵轴截距将会有什么不同。

·解释两个实验变化率如何不同。

· 使用一个表格、公式或其他表示法证明应该使用多少高尔夫球。

资料来源：Herman J L，Linn R L（2013）. On the road to assessing deeper learning：The status of Smarter Balanced and PARCC assessment consortia（CRESST Report No. 823）. Los Angeles：University of California，National Center for Research on Evaluation，Standards，and Student Testing. 亦可参见［2014－01－05］http：//ccsstoolbox. agilemind. com/parcc/about _ highschool _ 3834. html 和［2014－01－05］http：//www. smarterbalanced. org/wordpress/wp-content/uploads/2012/09/performance-tasks /fieldtrip. pdf.

展示 1. 2　英语语言艺术表象性任务

大学和职业准备评价联盟 7 年级任务：评价阿梅莉亚·埃尔哈特（Amelia Earhart）的一生

总结性短文：根据《阿梅莉亚·埃尔哈特自传》的文本资料，学生写一篇短文，总结和解释阿梅莉亚·埃尔哈特一生中所面对的困难。

阅读/写作前：在阅读阿梅莉亚·埃尔哈特的《相信会找到的最终安息地》之后，学生要完成以下任务。

· 使用文本资料来确定，有关阿梅莉亚和她的向导诺南的三个给定说法中哪个与此读物最相关。

· 从文本中选取两个事实来支持所选择的说法。

分析性作文：要求学生完成以下任务。

· 阅读第三个文本《阿梅莉亚·埃尔哈特的一生与失踪》。

· 分析三个文本中所呈现的有关阿梅莉亚·埃尔哈特勇敢品质的论据。

· 使用文本事实写一篇作文，分析至少两个文本中所体现的有关阿梅莉亚·埃尔哈特勇敢品质的论证力度。

智能平衡评估联盟 11 年级任务：核能源——友或敌？

课堂活动：教师通过使用刺激物如图表和照片，引导学生讨论核能的利用问题，为学生第一部分的评价做准备。

- 学生分享以前学过的有关核能的知识；
- 学生讨论有关核能的使用和争议。

第一部分：学生完成阅读和写作前准备活动，他们需要完成以下任务。

- 阅读和记录一系列有关核能利弊的网络资料；
- 回答两个建构性应答题，让学生分析、评估支持和反对核能的论据的可信度。

第二部分：学生各自给国会议员撰写一份详细的论证报告，报告中使用文本证据证明自己对所在州建立核电站持赞同或反对态度的理由。

———————

资料来源：Herman & Linn (2013). 请参见［2014－01－14］. http://www.parcconline.org/samples/english-language-artsliteracy/grade-7-elaliteracy. 和［2014－01－14］. http://www.smarterbalanced.org/wordpress/wp-content/uploads/2012/09/performance-tasks/nuclear.pdf.

即使是这些需要在一天或两天的时间内完成的要求更高的评价任务，也不能评估出《共同核心州立标准》要求掌握的所有技能，如拓展型写作和研究、口头交流、协同合作、使用调查技术、示范对复杂问题的解决方法和多媒体展示。而且，正如图 1.2 所显示，全方位的大学和职业准备所需素养包括除英语语言艺术和数学之外内容领域的知识和技能、智慧和毅力等品质、核心学习技能和认知策略，以及迁移性知识和技能，《共同核心州立标准》仅仅体现了其中一小部分。

越来越多的国家在评价这些技能，这些评价要求学生设计和执行复杂的项目，完成项目可能需要花费几天或数周，要求学生完成相当可观的规划，并坚持不懈直到问题解决。作业的成果由教师评价，并计入考试结果中，其中的评分协调程序将培训教师给出可靠的评分。

在一些州和地区，如那些属于"创新实验室网络"、由州首席教育官理事会协调的州和地区，打算引入更广泛的表现性评价来补充联盟的考试。评价可能包含更长期的任务，其要求学生进行数周的调查并产出系列成果（工程设计、建筑物、电子表格、

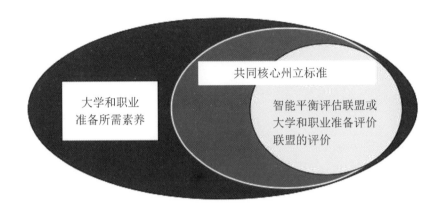

图1.2　发展和评价中的能力

研究报告），成果以口头表述、图形和多媒体演示等多种形式呈现。

更大规模地使用表现性评价面临着一些挑战，如确保测量的严密性和信度，以及管理成本的可承受性。同时，越来越多的高学业成就国家成功地实施了表现性评价，有些已经有超过几十年的经验；一些州也有表现性评价的经验，如国际学士学位和大学预修课程测试等项目；军队和其他一些部门中表现性评价的使用也在增多，我们可以学习它们应对挑战的宝贵经验。

以上发展得到大量最新测试技术的支持。大量研究表明，在提高教学、学习和信息质量方面，表现性评价可以带给学生、教师和决策者显著的收获。研究也表明，表现性评价可以用于学生个人从容地比较自己在一段时间内的表现，以及学校内部、学校系统和州之间横向的比较。

在本书中，我们的目标是分析大规模表现性评价的前景和挑战。我们描述表现性评价在美国和其他国家的历史和现状，总结几十年来表现性评价的进展、影响和成本的研究成果。鉴于决策者、实践者和研究者一直在为教育寻求更有成效的评价和问责模型，这些模型能够增进和评价对学生来说至关重要的高阶知识和技能，并能支持教育工作者培养学生的这些能力，因此，我们希望本书也能为其工作提供参考。

第二章　表现性评价的界定

对很多人来说，定义表现性评价最简单的方法就是界定"它不是什么"。具体来说，它不是选择题测试。在表现性评价中，学生必须建构答案，产出成果或从事活动，而不是在预定的选项中选择。[1] 从这个角度看，表现性评价涵盖广泛的活动，从用几个词完成一个句子（简答形式），到撰写一份详尽的分析作文，再到分析和实施一个实验调查（实践活动）。

因为评价体系支持学生建构或给出独创性的应答，而不是仅从列出的清单中找到一个可能正确的答案，表现性评价能够测量学生的认知思维和推理技能及其运用知识来解决现实的、有意义的问题的能力。

在美国，几乎每个成人都经历过至少一次表现性评价，那就是驾驶执照考试。考试要求新手司机在机动车辆管理局官员的陪同和监督下，绕障碍物行驶，展示一套驾驶操作，有些地方还包括令人生畏的侧方位泊车考查。我们中很少有人愿意将驾驶执照轻易地发给那些仅仅通过各州都要求的选择题笔试的人。我们理解，这种表现性评价的价值在于真实地测试一个人能否在公路上驾驶。考试不仅给我们展示一些重要的潜在驾驶技能，随着新手司机不断练习以更好地驾驶，我们也会明白准备考试的过程有助于提高这些技能。（家长恐怕都还记得自己 16 岁的孩子反复请求独自外出练车的可怕经历吧！）考试设定了一个每个人必须达到的标准。没有考试，我们几乎不能保证人们在实际驾驶中如何运用有关车辆和道路规则的知识，也无法确定这些知识对提高实际驾驶能力产生多少影响。

学校教育中的表现性评价与之非常相似。评价要求教师收集有关学生如何应用所学知识的信息：学生设计、实施、分析和记录的科学实验；学生设计和测试的计算机程序；学生所进行的研究调查，为书面和口头论述收集论据。测量的技能或标准无论是写作、口头表达、科学或数学素养，还是历史知识和社会科学研究，学生围绕这些技能执行任务，教师或其他评分员基于一套预定的标准对表现评分。

伊利诺伊州提供了一个样例，较好地展示了表现性评价与选择题类型考试相比，如何采用不同的方式测量技能。伊利诺伊州 8 年级的科学学习标准对"技术设计"是这样表述的：

> 技术设计用以评价给定的某一原型的测试结果，分析数据，必要时重建和重测原型。

例如，州考试中的选择题考试样例可能仅仅会问：如果"乔希（Josh）"的第一个船模沉没了，他应该怎样做？理想的答案是："改变设计并重新评测他的船。"但是，课堂表现性评价这样表述：

> 用给定的一些黏土、一根吸管和若干张纸，设计一只帆船，帆船将横渡一小块水域。学生能测试和反复测试他们的设计。

在这项活动过程中，学生探究重要的物理问题，如排水量，从而理解黏土球怎样和为什么能浮起来。如果活动得到很好的执行和细致的评价，这些活动可以将实践性探究与展示内容的知识和推理技能结合起来。活动也使教师能够评价学生能否提出问题、形成假设、评价结果、呈现科学认知过程、使用术语描述科学事实、坚持不懈地解决问题、组织信息，以及对通用的科学原则建立正确的概念。

表现性活动可以采取多种形式，例如能够被所谓的建构性应答题回答的要求，它需要在相对短的时间内，以传统的、就座式的定制考试的形式完成。表现性活动也包括更多需要课堂时间的拓展型任务。这些表现性任务使学生参与更具挑战性的活动，展示更广泛的技能，包括提出问题和进行规划、探究，以及做出更多拓展型的书面或口头回答。

测试高阶能力意味着什么

问题的关键不但是考试是否期待学生对开放式的提示或任务给出答案，而且是它期待学生展示哪种知识和技能。教育工作者常常将低阶技能与高阶技能相对比。最著名的是布鲁姆的认知分类法，如图2.1所示。[2] 在界定低阶能力的金字塔底部，"记忆"

指回忆性事实，"理解"指展示对观点的领会，而"应用"指根据理解完成任务或解决问题。认知的深度逐层提高。

　　而金字塔的上半部代表着高阶技能，其中"分析"要求学生考察论点、进行推断，以及发现支持解释的证据。在"综合"阶段，学生以不同方式编辑信息，形成一种新的模型或其他解决方法。当学生权衡证据、基于严格标准评估观点、在判断信息的基础上提出观点并为之辩护时，"评价"行为发生。

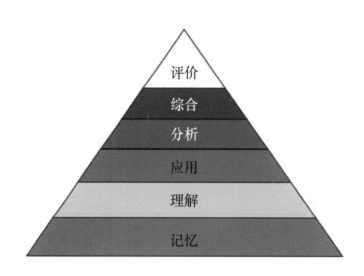

图2.1　　布鲁姆的认知分类法"金字塔"

　　美国许多考试和其他国家考试的差异之一是对高阶技能的关注程度。例如，美国科学基金会的一项研究发现，在一份详尽的数学标准化考试清单中，95％的题目测试的是低水平思维，97％的题目测试的是浅层次的概念知识，87％的题目测试的是浅层次的程序性知识。在科学考试中，73％的题目测试的是低阶思维，77％的题目测试的是浅层次的概念知识。[3]这些数学和科学考试几乎从不评价布鲁姆认知分类法"金字塔"顶端的高阶技能和思维。

　　表现性评价要求更多的分析和数据处理，以及对观点的辩护，其为学生提供了一种展示分析、综合和评价等高级技能的媒介，因而常常得到提倡。

　　甚至在表现性任务类型之内，认知要求也会有所不同。以物理考试中两个不同的建构性应答题目为例。源自纽约州大学评议会物理考试的一个题目，要求学生设计和绘制一条线路，标示几个电阻器、一个电流表和一个电压表的正确位置。然后要求学生识别电路和特定条件下一个给定电阻器的电阻。[4]题目要求学生应用所学知识；然而，在测试高阶技能方面，此题目并没有像香港高中物理考试中的一个类似的题目那样深入，香港是国际学生评估项目中得分最高的地区之一。

首先，香港的题目要求学生确认不同条件下通过电阻的电流，并解释其答案。接下来，要求学生简述打开电闸时电压位差中的时间变化。最后，要求学生展示在不同条件下，他们会如何修改电路设计来证明特定结果。[5]这种题目设置要求学生展示一种更具深度的记忆、理解、应用、分析和评价，在不断变化的情况下灵活、综合地运用知识，这是 21 世纪的一种重要技能。

评价选项的连续体

评价策略可以看作是伴随着一个连续体而存在。[6]一端是传统考试中的选择题和封闭式题目。这些题目测试记忆和识别，但不能测量高阶思维技能或者应用能力。另一端是要求大量的学生设计、观点和表现的评价，尤其是发掘大学和职业所需的规划和管理技能。如图 2.2 所示，在两端之间，沿着连续体每进行一步，任务变得更加复杂，逐步测试更广泛和更整合的知识与技能，在认知方面更复杂的学习，新问题和新情境中更强大的知识应用。

沿着连续体，学生的角色也在变化：从一端的被动接受和对外部问题做出应答，到另一端的越来越主动地发现和理解信息，并明确调查的问题、方法和策略。在连续体的右端，学生开展大量的研究，提交作业并为之辩护，根据反馈进行修改，同时也在展示和发展一系列的交流技能、元认知和学会学习的技能，伴随学术追求获得成长型思维模式的惯性发展和在某些情况下的合作技能。

这些深度学习技能体现在强大的表现性任务、档案袋和作业展览等背景下，真实地体现了作业在校外是如何开展和评价的。因此，用于评估学习和行为的评价策略，适用范围一定比传统的就座式考试更广。

不是非要使某种考试满足所有的需求，我们可以将不同的方法结合到一种评价系

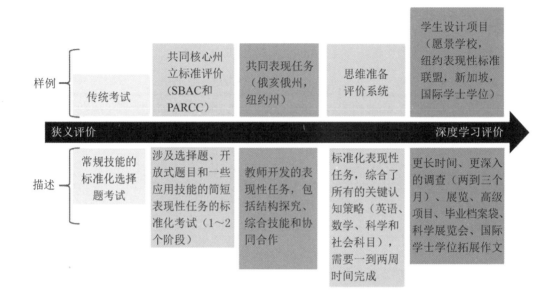

图2.2　评价连续体

统中，针对不同的目的，采用针对性策略，使用不同的信息。表现性评价能够以各种方式提供形成性或总结性的信息（或两者兼而有之），测量学生学习进展，支持能力水平测定，或者与学生成长档案相结合。

评价系统中有效的表现性任务或策略，时间跨度可能很大，可以从一节课到一个学期。任务一般由教师评分（为他们自己带的学生，或者在学校协调评分的系统中为其他学生），产出所需的信息，以帮助影响一系列决策。表现性任务也可能受到一定程度的外部质量控制的影响，这些影响可以通过明确规定的任务内容来实现，包括在州或地区层面创建共同的任务，设计任务管理的条件，管理任务评分的方式，决定公布结果的方式。

表现性任务最基本的形式可能仅仅是要求学生解决一个复合问题，并解释自己的解决方法，书写几个段落来分析一个文本或其他证据，或者将信息综合和重组为一个连贯的整体。即便是简单的任务也可以评价选择题所不能很好测量的知识和技能。教师可以自己设计，也可以从课程资料中提取，或者在线获取任务。任务通常与手头的内容紧密相关，仅仅需要对课堂正在学习的术语、思想和观念进行适度归纳和应用。

许多大规模评价中也有建构性应答题。例如，纽约州大学评议会考试在几乎所有的学科领域中都含有建构性应答题。如，美国历史考试要求学生撰写诸如下列主题的文章：

讨论 1865—1920 年间工业化发展对美国社会产生的有利和不利影响。在你的文章中，需要讨论工业化如何影响美国社会的不同群体。[7]

另一种常见的建构性应答任务出现在写作考试中，其要求学生阐述观点和论点。例如，在国际学士学位考试的一个英语题目中，要求学生从不同的文学体裁中选择作文题，题目要求运用所学过的 3 本著作中的至少 2 本所涉及的文学技巧知识。像下列这样的问题很普遍：

运用你所学过的 2 本或 3 本著作，讨论作者如何使用夸张这一修辞方式及其产生的效果。

获取物质财富或者抵制其吸引力常常是作者展开有趣的情节的基础。比较你学过的 2 本或 3 本著作的作者展现这种动机的方式。

讨论并比较你所学过的诗歌中的陈述者或人物角色。详细参考所学的 2 到 3 位诗人的著作，基于 3 首或 4 首诗的学习给出你的回答。[8]

提出实践性探究任务的建构性应答题，也可用于大规模背景中。如在全国教育进展评价（national assessment of educational progress，NAEP）的科学考试中，要求学生进行实验、分析数据和汇报结果。例如，给 12 年级的学生提供一个装有沙子、盐和三种不同金属的袋子，要求学生使用磁铁、筛子、滤纸、漏斗、勺子和水分离这些物质，并记录实施的步骤。这个表现性任务要求学生使用提供给他们的材料做实验，并记录其观察的过程和结果，回答相应的选择题和建构性应答题。这个例子展示了一种混合评价模式，它既测试学生实际做实验的能力，又测试对科学解决问题非常关键的报告撰写能力和事实性知识。

全国教育进展评价也引入了模拟形式，目的在于测试学生设计实验、展示和解释结果、搜索有效网络信息的能力。例如，一个 8 年级的模拟任务，要求学生调查科学家为什么使用氦气球探索外太空和大气层。任务中一个题目要求学生搜索一个模拟的万维网，样例如下：

一些科学家用较大的氦气球研究太空。这些气球通常从地面发射到太空，但也能通过宇宙飞船在其他行星附近发射。

为什么科学家使用这些气球探索外太空和大气层，而不使用人造卫星、火箭或其他工具？需要阐释使用氦气球的至少三个好处。

你的答案需要基于至少两个网页或网址，并用自己的话写出答案。[9]

这个任务评价的是学生的在线研究能力。另一个相关的科学探究任务要求学生在设计和进行科学调查之后，评估自己的作业，得出结论并提供理论说明。

不同数量的氦气如何影响氦气球的上升高度？用你的实验观察支持你的答案。[10]

这些模拟任务可以评价科学学科中重视的问题解决、推理和评估能力，为评估学生的认知和学习提供了新的可能。

美国教育协助委员会还创建了另一种针对大学生和高中生的高阶认知技能的具有挑战性的定制评价。高校学习评价与大学和职业准备评价联盟均使用公文筐测试，利用文本、图表和数据等各种证据来源，评价学生在评估情境、得出结论、解释理论基础等方面的能力。这些评价体系使用两种问题任务类型：提出论点（见展示 2.1 中的样例）和评判论点。这两种任务让学生展示其分析和综合信息、考量和权衡证据、证明结论和解决方法的能力。

展示 2.1　高校学习评价中表现性任务样本

你是华美公司董事长帕特·威廉姆斯（Pat Williams）的助理，华美是一家制造精密电子仪器和导航设备的公司。莎莉·伊文思（Sally Evans）是销售团队的一员，她建议华美购买一架私人飞机（SwiftAir 235），这样她和销售团队的其他成员可以用来拜访顾客。帕特正准备同意购买，这时，SwiftAir 235 发生了一个事故。有以下文档提供给你：

- 关于事故的报道文章
- 联邦政府有关单引擎飞机空中解体的事故报告
- 帕特给你的电子邮件和莎莉给帕特的电子邮件
- 关于 SwiftAir 的性能特征的图表
- 《飞行爱好者》比较 SwiftAir 235 和相似机型飞机的文章

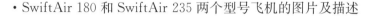

- SwiftAir 180 和 SwiftAir 235 两个型号飞机的图片及描述

　　请制作一个备忘录来解决几个问题，包括哪些数据支持或反驳 SwiftAir 235 的机翼类型导致更多的空中解体这种说法，哪些其他因素也会导致事故并应该被考虑到，给出你对华美是否应购买这款飞机的完整建议。

———————

资料来源：Collegiate Learning Assessment. （2009）. 检索自［2014－02－03］http://www.colle-giatelearningassessment.org/.

　　沿着连续体向右移动，出现的是更高要求的表现性任务，其持续很多天或数周，能够测试更具挑战性的、更接近大学和职业中要求的智力技能。例如，俄亥俄州表现性评价项目开发了高中层次的嵌入课程的表现性任务，其与大学和职业准备评价联盟的标准相匹配。除了用作课堂作业和形成性测评工具，这些任务还可以作为课程结束后考试系统的构成，是学生在能力系统中展示其内容掌握情况的另一种途径，或是满足俄亥俄州的高年级项目要求的一种方式。[11]

　　俄亥俄州的任务在很多方面与欧洲和亚洲系统中的任务相类似（在第三章中将会

阐述）。作为基于课程的教学系统的构成，任务的目的在于测量学科的核心概念和技能，它超出了单一时间段里就座式考试所能评价的范畴。例如，在英语语言艺术中，学生将自己对美国文学中一个核心主题的理解认知应用到一个要求选择、分析、领会和解释文本的任务中（见展示 2.2）。

展示 2.2　俄亥俄州表现性评价项目：英语语言艺术表现性任务

你在为 11 至 12 年级学生编辑一个在线电子版文集，标题为《关于美国梦的看法》。你的任务是为文集准备前言。在你的前言中，请做如下事情：

1. 决定你想以什么顺序选取哪些文本（至少包含 6 个文本）。文本可以包含著作、诗歌、歌曲、短故事、散文、照片、文章、电影、电视剧或者网络媒体。这些个文本至少体现两种不同的观点，至少包含两种不同的文本形式（如印刷文本、视频媒体、音频媒体、多媒体、数字媒体）。

2. 甄选和讨论你所选择的文本中所体现出关于美国梦的不同看法。

3. 为每个文本写一个小段落，阐明你的选取理由及其与文集中其他文本之间的相关程度。

4. 提出一系列问题，让读者集中思考文本中体现的观点。

———————

资料来源：Wei R C，Schultz S E，Pecheone R（2012）.Performance assessments for learning：The next generation of state assessments.Stanford，CA：Stanford Center for Assessment，Learning，and Equity.

在一个数学任务中，当温度、燃料费和使用保温材料带来的节省同时产生作用时，要求学生评估采暖费用的变化区间（见展示 2.3）。任务要求学生将定量、比例和代数函数的知识应用到复杂的实际问题中。学生必须分析和模拟多个变量，回答要求展示、解释和支持他们的观点。

展示 2.3　俄亥俄州表现性评价项目：采暖任务

约翰逊女士为节省采暖成本安装了新的保温材料，但随后得知，她的账单并没有比前一年降低多少。她的承包商指出，暖气费在上涨，且天气越来越冷了。约翰逊女士想知道，她安装保温材料后实际上节省了多少钱。根据约翰逊女士提供的暖气费账单（比率，使用热量单位）、温度变化、网络上搜索"热度日（heating degree days）"的一些初步信息，你需要完成两个任务。

1. 评价约翰逊女士新的保温材料和窗用密封条的成本效益。在评价中，需要做到以下方面：

- 比较约翰逊女士 2007 年 1 月到 2008 年 1 月的燃气账单；
- 说明约翰逊女士在使用保温材料和窗用密封条之后的费用节省情况；
- 明确约翰逊女士 2008 年 1 月燃气账单比 2007 年 1 月账单减少至少 10％的条件；
- 判断约翰逊女士房子里的保温材料和密封条是否具有成本效益，并提供相关证据。

2. 为燃气公司的顾客制作一本小册子，指导顾客制订提高家中能源效益的策略，手册必须做到以下方面：

- 列举顾客在评价能源效益时需要考虑的数量关系；
- 用一套公式归纳用于约翰逊女士燃气账单的比较方法，并解释公式；
- 向顾客解释如何用燃气账单的节省数字来评判能源效益措施的成本。

———————

资料来源：Darling-Hammond L，Pecheone R L，Jacquith A，Schultz S，Walker L，Wei R C（2010，March）．Developing an internationally comparable balanced assessment system that supports high-quality learning．Paper presented at the National Conference on Next Generation K-12 Assessment Systems．Washington，DC．Retrieved from http：//www．k12center．org/rsc/pdf/Darling -Hammond-PechoneSystemModel．pdf．

这些任务要求学生解决实质性的复合问题，使用各种分析技能，同时产出能说明和解释自己思考的解决方案和成果。

沿着连续体再向前是持续较长时间的项目，其需要数周甚至一个学期中的几个月。通常情况下，学生自己界定项目的重点，并负责组织任务和查找完成项目所需的全部信息。在完成项目的过程中，学生可能被要求遵循特定的纲要，应对特定的问题或诸多要求。项目可能由教师独自评判，或者由一个或多个其他教师在评分协调程序中打分，协调程序使教师可以根据基准标定自己的分数。

在这种任务项目中，学生或者学生团队可能被安排调查本地来源的食物。他们将需要研究自己吃的食物来自哪里，价格中有多少体现了运输成本，他们对国内其他地方食物的依赖程度，如果他们想吃更多本地出产的食物他们会怎样选择，这样做有什么经济意义，又是否会无意中导致对国内其他地方经济的破坏。项目可以面向全班展示，并由教师根据指南打分。指南中会说明使用数学和经济学内容知识的等级、论证的质量、引用和参考的信息资料的适当性、所得出结论的质量和逻辑，整体的精确性、准确度，以及对细节的关注程度。这里有一个类似的解决特定问题的跨学科项目，其内容如展示 2.4 所示。

展示 2.4　海湾灾难研究项目

在 2010 年 4 月英国石油公司的"深海地平线"钻油平台事故之后，愿景学校通过一个跨学科项目探究这一事件的后果和影响：

·政府：产生一份有关政府在回应灾难方面的角色定位的研究报告，包括联邦政府机构和美国应急管理系统的角色。

·世界文学：使用修辞技巧撰写一份 3～4 分钟的发言稿，在模拟的国会听证会上发表演讲。

·环境科学：探究漏油对环境的影响。思考清理受影响地区的不同方法，以及泄漏石油和清理工作对社会、经济和环境的影响。

·高级视觉艺术：用石油相关材料创作雕像和其他艺术形式。这个项目持续 9 周以上，由学科教师使用"大学学业完成情况中的学生表现评价系统"的一个准则进行评审。

资料来源：Disaster in the Gulf.(2010).Envision Schools.

最后，毕业项目将叠加测量学生的知识和技能，包括以特定学科或跨学科的方式应用学科的实践标准和探究模式的能力。学生可能用一个学期，甚至一整年学习一个主题，应用学术性课堂上所学的知识推进项目研究。毕业项目通常包括一篇毕业论文及衍生的产品和证明文件，它体现学生整体的认知发展和一系列学术技能。

结果可以提交给一个由教师、社区专家或同学组成的专门小组。这种有评判团的展览方法被用于美国以外的一些考试系统（例如，国际学士学位项目和新加坡 A 类水平普通教育考试所要求的专题作业任务，在第三章将述及）和美国的许多学校网络中。[12]学生以写作、口头或其他形式（如使用多媒体技术或通过自己创作的作品）交流自己的思想，在回答他人的问题时，阐明自己理解的情况，类似于论文答辩。

这些项目可以集中到一个档案袋中，证明学生对各内容领域的掌握程度。例如，纽约表现性标准联盟中的学校，要求学生完成一个毕业档案袋并进行答辩，其中包括一份文学分析报告、一个数学模型、一份科学调查和一篇社会科学研究论文。一些联盟学校还要求一个艺术展、一种世界语言展示，或实习学习的陈述。评价中，学生必须在口头和书面交流、批判思维、技术使用及其他 21 世纪技能方面证明能力水平。在所有学校中，反映每个学科关键技能的共同评分规则被应用于评价这些技能。

当学生一次次地完成和修正这些依据严格的标准来评价的项目与展览时，他们内化质量标准，形成为大学和职业做准备的技能，包括规划、才智、坚持、有成效地使用反馈的能力、多种沟通技能、终身学习能力等。所有这些超越个体任务本身，塑造学生在新情境中学习的能力。

沿着评价任务的连续体，学校、地区和各州可以鼓励和评价一系列知识、技能和个性的发展，为多种不同目的收集证据，促进聚焦于 21 世纪技能的教学。

第三章　美国和其他国家表现性评价的实践

以真实的方式评价学习和表现性行为，从不乏创意点。一直以来的挑战是，以提出连贯性要求和激励深度学习的方式大规模地开发和维护这种评价体系。如果大规模测试没有包含这些表现行为，如果将高风险因素加诸于大规模测试，地方学校很难维持和发展注重高阶技能的教学。

美国各州的表现性评价

幸运的是，美国各州和其他国家有很多的大规模评价可以供我们了解。正如我们前面提到的，许多州已将表现性评价开发为州测试系统的一部分，有一些在《不让一个孩子掉队》时代就存在。现列举以下几个州的情况。

· 缅因州、佛蒙特州、新罕布什尔州和罗得岛州共同创建了参照考试系统——新英格兰合作评价项目，其包含许多建构性应答题。各个州和地区用州或地方开发的表现性任务补充这种考试。

· 罗得岛州要求全州实行毕业档案袋管理，由每个地区自行开发。新罕布什尔州引入了一种毕业技术档案袋，其要求学生收集资料证据，表明自己达到此领域标准的程度，此外，该州正在开发一套涵盖所有内容领域的表现性评价系统。写作档案袋围绕特定标准收集学生作业，多年来被用于佛蒙特州和肯塔基州的大规模评价系统中。

· 密苏里州和肯塔基州开发了定制测试系统，包含大量的建构性应答要素，以州设计的、地方管理的表现性任务为补充。

· 纽约州大学评议委员会考试包含多种表现性构成要素。其英语考试要求学生撰写三种不同形式的作文。历史/社会学科考试使用档案型问题引出作文，显示学生分析文本和数据及得出结论并为之辩护的能力。科学考试则包含一项实验室表现性考试。

• 康涅狄格州将拓展型写作任务和丰富的科学任务作为全州评价系统的一部分。例如，一年中，学生需要完成州开发的表现性任务，就特定题目做科学实验、分析数据、报告结果，以证明自己进行科学推理的能力。在期末的定制考试中，学生评论实验过程和评估研究结果的合理性，继续推进学习（见展示 3.1）。

展示 3.1 康涅狄格州 9/10 年级科学评价：酸雨研究任务

酸雨是康涅狄格州乃至美国许多地方的一个主要环境问题。当污染物，如来自发电厂煤炭燃烧产生的二氧化硫和汽车废气中的氮氧化物，与大气中的水相结合形成硫酸和硝酸时，酸雨就会产生。pH 等于或低于 5.5 的降水被认为是酸雨。酸雨不仅影响河流和湖泊中的野生动植物，还对由岩石构成的建筑物和石碑造成严重的损害。由于酸雨，每年清洗和修复这些建筑物要花费数百万美元。

任务

所在地的市政会委派你在市区陈列一个新雕塑。你和你的实验伙伴将进行一个实验，调查酸雨对不同建筑材料的影响，最终为市政会推荐用于雕塑的最佳材料。在实验中，用醋充当酸雨。

下列是提供给你的材料和设备，当然，不必使用提供的所有设备。

建议使用的材料

有盖子的容器

带刻度的圆筒

醋（充当酸雨）

pH 试纸或 pH 仪

安全防护眼镜

提议使用的建筑材料

石灰石碎屑

大理石碎片

红砂岩碎片

砾石

设计和进行实验

1. 用自己的话陈述要调查的问题。用"如果……那么……因为……"的表述方式写一个假设，描述你期待发现什么和为什么，包括明确界定要研究的自变量和因变量。

2. 设计一个解决问题的实验。你的实验设计要与问题的陈述相匹配，并进行清晰的描述，这样其他人容易重复你的实验。如果条件允许的话，设置一个控件和一个保持变量恒定的状态。

3. 在开始实验之前与老师一起检查你的设计。

4. 进行你的实验。在进行实验时，做好记录并将数据整理到表格中。

交流你的研究结果

独立工作，以实验报告的形式总结你的调查，包括以下内容：

1. 一份对调查问题的陈述。做一个描述你期待发现什么和为什么的假设（使用"如果……那么……因为……"的句式），包括明确界定的自变量和因变量。

2. 一份对所做实验的描述。你的描述应该足够清晰和完整，这样其他人能够很容易地重复你的实验。

3. 实验数据。你的数据应视情况整理到表格或数据图中。

4. 实验结论。你的结论应得到数据的充分支持，并验证你的假设。

讨论实验数据的信度和影响结论效度的因素。其中包括如果再做一次实验，你将如何改进实验方式。

学生以小组形式做实验，但独立记录自己观察到的实验结果，展示自己的理解。这种嵌入课堂的任务由所有学生完成，教师使用共同的标准进行评分。在《不让一个孩子掉队》法案实施之前，这种评价应用于州一级和联邦的报告。现在，这种评价应用于地方报告中，可以作为评分的考虑因素，而不是出于联邦问责的目的。在期末全州范围的终结性考试中，学生收到一个实验报告的样本，他们利用自己在课堂做实验的经历，分析实验方法的合理性和结果的效度。这样，通过更加广泛的表现性任务培养的科学探究技能，也以不太耗时的方式、在较传统的就座式考试中得到评价。

其他国家和地区的表现性评价

这种任务要求类似于澳大利亚、加拿大、英国、芬兰、新加坡、中国香港和其他许多高学业成就国家和地区评价系统中对科学探究和分析的要求。事实上，世界上多数高学业成就国家和地区的评价系统是集中评价和地方评价的结合，前者大多采用开放式问题和作文题，后者由教师提供并计入最终考试分数中。这些包括研究论文、应用性科学实验、陈述、学生制作的产品在内的课堂评价被规划到核心课程或大纲及学科标准中。选择以上评价的原因是，这些评价体现批判性技能、主题和概念，且由经过培训和标定而能够公正评分的教师进行评估。

外部测试在其他国家和地区不太常见。外部测试主要应用于中学毕业时基于内容的考试，有时在低年级的一或两个阶段上用考试来强化，而不像美国所要求的每年进行测试。外部考试的数量虽然少得多，但通常更深入，质量也更高。定制考试要求进行更详尽的开放式应答，且课堂任务常常要求学生有更多的规划和更广泛的作品。

例如，芬兰唯一的外部测试是由高中和大学教师联合开发的自愿性的入学考试，面向有上大学意向的 12 年级学生。整个考试由开放式题目构成，要求学生应用和解释所学知识，展示对所学内容的深入理解。例如，数学问题要求运用批判性思维进行模型制作，以及直接地解决问题。初级的数学考试可能会提出这种问题：

> 一份盐水溶液中含有 25％ 的盐，可以通过添加水得到稀释的溶液。要获得一份含盐 10％ 的溶液，需要向 1 千克原始溶液中添加多少水？用图形展示，要得到一份含盐 2％～25％ 的溶液，需要添加的水的数量。添加到 1 千克原始溶液中的水的数量（千克）需要标在横轴上，新溶液中盐含量的百分比需要标在纵轴上。[1]

高级的数学考试则会提出这种问题：

> 在一个社会里，生活水平进一步提高的可能性与现有的生活水平状况成负相关，也就是说，现有生活水平越高，进一步提高生活水平的意愿越低。建立一个基于微分方程的模型描述生活标准并做出相关解答：生活水平会永远提高吗？变化的比率在上升还是下降？生活水平会接近某种恒定水准吗？

在其他一些国家，用来补充定制考试的课堂嵌入式任务也要求，学生通过广泛的写作和问题解决来展示自己的理解和认识。例如，在英国，大多数学生以获取普通中等教育证书（general certificate of secondary education，GCSE）为目标，在这为期两年的学习过程中，学生在课程或单元学习期间和结束时接受评价。英国考试系统对世界各国及地区的教育系统产生了影响，从澳大利亚、新加坡和香港，再到美国的国际学士学位考试和纽约州大学评议会考试。

普通中等教育证书所涉及的基于课堂的"控制性评价"，强调应用性知识和能力。这些评价或者经文凭颁发机构设计、由教师评分，或者经教师设计、由文凭颁发机构评分，教师决定评价的时间安排。表 3.1 展示了每个英语课程单元要求学生完成的任务类型。总体上，这些任务占考试分数的 60％。任务要求学生以多种文体进行重要的拓展型写作和听说训练，其文本来自依据国家课程标准所制定的大纲。关于要求学生做什么和用什么标准评估他们的应答，每一项任务都有进一步的详细说明。外部考试机构开发和调控评分方案及程序，确保评估的一致性。

表 3.1　任务样例：普通中等教育证书中的英语要求

单元和评价	任务
阅读文本	从任务和文本的规定选项中选择 3 个文本做出应答。考生必须展示其对社会、文化和历史背景下的相关文本的理解
创作写作	源于文本创作或文本媒介的 2 个关联且连续的写作应答
说听	3 项活动：1 项戏剧活动，1 项小组活动，1 份个人的拓展型稿件。活动必须基于课堂内外的真实场景
信息与观点	非小说文学和媒介：对真实的短文做出应答。撰写信息和观点：从 2 个选项中选出 1 个具有连续性的进行写作应答

同样，在澳大利亚的维多利亚州，定制考试以基于课堂的任务为补充，任务评价至少占全学年考试分数的 50％。表现性任务为学生顺利通过挑战性的结课考试做准备，而后者需要高水平的知识应用能力。例如，高中生物考试中的一个题目向学生描述了一种特定的病毒；接下来题目要求学生设计一种药物来杀死该病毒，并用几页纸的篇幅来解释该药物如何起作用。最后，学生设计实验来检测该药物的功效（见展示 3.2）。

在这次生物考试准备中，选课的学生全学年有 6 项共同的作业将被评价，内容涵盖大纲所规定的具体学习成果。学生将完成"实践性任务"，如使用显微镜来研究植物和动物细胞，学生准备细胞切片并进行染色，以及用多种方式进行比较，最终产出一份具有视觉效果的书面成果。学生也会完成关于酶和细胞膜及动植物内在稳定环境维持的实践性任务（实验室进行）。最后，学生会完成和提交一份关于病原生物的特征和生物体防御疾病的机制的研究报告。这些任务作为最终考试成绩的一部分得到评价，与学生外部考试的要求直接相关，但在学生如何应用知识方面，其超越了外部考试所能测量的内容。

展示 3.2　澳大利亚维多利亚州高中生物考试的样例

当科学家设计药物对抗病原体时，术语"指定药物（designed drug）"常常被提及。

1. 解释这个术语的含义：科学家的目的在于开发一种药物，对抗一种特定的传染性病毒。这种病毒有一个蛋白质外壳，外壳的不同部位在传染周期中扮演不同的角色。一些部位协助将病毒附着到宿主细胞上，其他部位对病毒从宿主细胞中释放起到重要作用。其结构体现在下面的图形中：

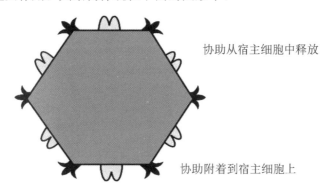

该病毒通过附着于宿主细胞表面，将自己的 DNA 注入宿主细胞中进行繁殖。然后，病毒 DNA 使用宿主细胞的一些部位繁殖自己的器官，数以百计的新病毒从宿主细胞上萌出。最终宿主细胞死去。

2. 设计一种有效对抗这种病毒的药物。在你的应答中，概述你需要思考的重要问题，阐释你所设计的药物将如何阻止病毒繁殖周期的延续。在你的陈述中使用图表并将其放到下一页中。

3. 药物正式用于人体之前，通常在动物身上进行测试。在这个案例中，所调查的病毒也会传染给老鼠。设计一个实验，使用老鼠测试你设计的药物的效果。

资料来源：Darling-Hammond L，Wentworth L（2010）. Benchmarking learning systems：Student performance assessment in international context. Stanford，CA：Stanford University，Stanford Center for Opportunity Policy in Education.

新加坡的科学课程考试同英国和澳大利亚的一样，包括对实验和调查探究能力的评价，占考试成绩的 20% 到 60%，具体由国家决定。在内部和外部协调一致的条件下，培训教师使用共同的标准来进行评价打分。根据新加坡考试和评鉴局（Singapore Examinations and Assessments Board）的规范要求，学生要做到：

- 确定一个问题，设计和规划一个调查，评估其方法和技术；

- 按照说明，安全、有效地使用技术、仪器和材料；

- 细致而准确地实施和记录观察、测量、方法和技术；

- 解释、评估观察和实验数据。[2]

新加坡的"项目作业"（project work，PW）的要求更高，其旨在培养基于内容的传统课程和考试系统中未得到充分体现的、更高级的思维技能。这体现了 1997 年启动的"思考型学校，学习型国家"计划的部分改革目标，改革带来了诸多改变："大纲、考试和大学入学标准发生了变化，鼓励跳出思维定式和进行冒险。现在，学生更多地参与鼓励创新、独立和互助学习的项目作业和高阶思维问题解决。"[3]

"项目作业"是新加坡所有大学预科生必修的一门跨学科课程（见展示 3.3）。学生在规定的课程时间内完成他们的合作项目任务。项目作为高中考试系统的组成部分将得到评分，并可以作为申请材料提交给大学。

大学被鼓励考查学生考试分数之外的学业成就依据。每年约有 1.2 万名学生完成这项任务。新加坡考试和评鉴局从外部明确规定了任务的背景、条件、评价标准、成就标准和阅卷程序，而课堂教师使用委员会提供的一套评价标准完成了对"项目作业"三个构成要素（即笔试试卷、口头陈述和小组项目档案）的评价。所有的学校都会收到说明预期要求的阅卷标准的样例材料，而委员会将为评价者和内部评分协调人提供相应的培训。像任何其他评价一样，分数评定达到内部和外部的适度。

展示 3.3　新加坡的"项目作业"

作为一门交叉学科，"项目作业"摆脱了知识与能力的分割，要求学生跨越不同学科领域运用知识和应用技能，从而聚焦交叉学科的产出。这种学习经历的目标内嵌于由新加坡考试和评鉴局集中制定的任务和评价的要求之中。项目任务要求足够广泛的设计，使学生既能参与感兴趣的项目，又能达到任务要求。具体来说，包括以下几个方面：

·必须通过小组讨论促进合作学习。小组由教师随机组成，在小组中，学生集思广益，评价各自的想法，就小组将进行的项目计划达成一致，并决定各自的分工。

·每个学生必须做一次口头报告。每个学生单独或在小组中，当众口头陈述自己的或其小组的项目进展情况。

·成果和过程都要评价。评价包括：书面报告，展示小组建构、分析和评估项目的能力依据；口头报告，评价每个小组成员的语言流利度、受众存在意识及应对问题方面的表现，同时评价整个小组总体陈述的有效性。关于小组项目档案，每个小组成员提交 3 份简要描述项目进程的文档。文档体现学生个人生成、分析和评估以下方面内容的能力：（1）对项目的初步看法；（2）为所选项目收集的一份研究资料；（3）对项目的认识和反思。

在实施"项目作业"的评价任务中，学生们提出自己的题目、规划时间、分配个人的作业内容、与不同能力和个性的小组成员互动、收集评估一手和二手研究资料、集体产出一项成果时，会获得自主探究能力。这一过程体现生活技能和素养，如知识应用、合作沟通和独立思考，为学生未来的职业生涯做准备。

这些活动与现实要求的紧密联系，使活动成为培养迁移能力的有效学习经历。正如新近在考试系统中增加校本评价的香港教育评估局所解释的：

> 校本评价的主要原理是通过纳入在一次性公开考试中不易评估的结果评价，以提高评价的效度，毕竟一次性的公开考试并不一定能提供学生实际能力的可靠表征……校本评价的特色在于让学生参与活动，如做口头陈述、形成作业档案袋、进行实地调查、从事调查研究、承担实际的实验室工作或完成一个设计项目，帮助学生获得重要的技能、知识和工作习惯，这些是通过

纸笔测试不易评价或提高的。这些不仅是学科学习中极其重要的成果，还是
高等教育机构和雇主看重的成果。[4]

显然，这些形式的表现性评价超越了美国传统的考试观念。

第四章　表现性评价如何支持学生和教师的学习

对加利福尼亚州、康涅狄格州、肯塔基州、缅因州、马里兰州、密苏里州、新罕布什尔州、纽约州、俄亥俄州、罗得岛州、佛蒙特州和华盛顿州先前和现在的表现性评价实施情况的研究发现，如果设计得当，档案袋和表现性任务都能够得到教师可靠的评分（详见第五章中对设计和评分的讨论）。而且，正如本章将要阐述的，通过促进高阶思维技能的教学，使教师更深刻地认识学生思维的方式和理解的内容，评价可以显著提升教学。[1]

像针对所有新手司机的驾照路考一样，表现性评价评估的是学生如何应用自己所掌握的知识。路考会呈现一些有关驾驶技能的重要信息，新手司机练习驾驶时，为考试而做的练习准备也有助于提高这些技能。另外，布置和评估这些任务时，教师会更加清楚如何实施教学来达到标准，会更深入了解自己学生的学习需求。如此一来，评价过程就可以促进教学质量的提升。

20 世纪 90 年代，当许多州开始推行表现性评价时，就有研究发现，从加利福尼亚州到肯塔基州、缅因州、马里兰州、佛蒙特州和华盛顿州，教师布置了更多的新评价所要求的写作和数学问题解决等作业。[2] 设计完善的表现性评价支持以培育复杂推理、问题解决、探究交流和写作等活动能力为目标的教学过程。[3]

研究证明，测试复杂思维技能的表现性评价也影响着学生的学习过程。[4] 学校层面的研究发现，不管是传统的标准化考试，还是相对来说以表现性评价为特色、提供问题导向的课堂中更复杂的学生测评，学生的行为表现均有大幅度增加。[5] 在更大的规模上，苏珊娜·莱恩（Suzanne Lane）和同事们发现，在基于行为表现的马里兰州"表现性评价项目"考试中，5 年来学生的学业成就与学校纳入相关的阅读、写作、数学和科学教学实践有着紧密的联系。[6] 而且，由考试专家罗伯特·列恩（Robert Linn）带领的一个研究团队发现，这些成果也体现在全国教育进展评价中。[7]

当各州或地区提升了教师设计评价、评估和鉴定评价结果的专业能力后，引入表现性评价的尝试最为成功。[8]研究者发现，考察学生的作业有助于教师更好地了解学生知道什么和能做什么，以及学生是如何思考的。在符合相关标准和设计良好的表现性任务背景下考察学生作业，将激发教师思考自己的课程教学。然后，教师可以在一起分享具体的教学方法，支持学生的优势和需求。[9]

评价如何构建学生的学习机会

将表现性评价嵌入课堂教学中可能有助于学生更有效地学习，这其中一个原因是，评价确保学生完成具有智力挑战性的任务。教师如果不断使用此类任务，获得高标准的反馈和修改的机会，其课堂的严格水平会提高。另外，这些评价可以为教师提供学生如何思考和如何努力解决问题的信息。这种反馈使教师可以分析学生理解能力方面的优势和差距。因为在由同一准则定义的多个表现领域中，表现性评价任务常常产生多个评定等级，所以评价任务也能帮助教师确认学生的优势和劣势。这使教师能够更容易了解学生需要何种帮助，从而相应地调整教学。

正如我们所看到的，高学业成就国家越来越强调基于项目的、探究导向的学习，这也促使许多国家将校本任务，如研究项目、科学调查及从软件方案到工程设计的产品开发引入评价系统中。这些纳入英国、加拿大、新加坡、澳大利亚、新西兰和国际学士学位项目中的任务，将教学聚焦于培养高阶技能和使用知识解决问题。

这些系统并非试图将考试与教学过程相分离，相反，是以改进教学的方式整合课程、教学和评价。使用嵌入课程的评价，为教师提供良好的课程和评价的模型，促进校内和学校之间课程的公平，以为教学和课程决策提供信息的方式促使教师理解和评估学生的学习。这种嵌入课程的评价也能提高学生评价和管理自己学习的能力。

评价如何组织教师学习

教师参与开发、评审、测评并分析学生评价的结果，可使其能够理解标准和推进更深入的教学。考试其实并不遥远和神秘，对包括用于终结性问责目的的评价的开发、评审和评分，是这些辖区教学工作的一部分。

　　教师通过一个被称作评分审核的过程给开放式任务评分。首先，教师接受培训，然后讨论标准答案并进行评分，直到他们的评判达到可靠的标准，也就是说，他们能准确地运用标准并与之保持一致。有时，这些评分审核过程在学校内进行；而其他时候，一个地区的教师走出学校集中在一起评审。教师使用不同水平的学生作业的基准样例和一项准则或一套评分标准，来标定自己的评判。教师学会寻找标准中所体现的作业的关键特征时，会更加充分地认识到学生突出表现的构成要素。随着教师持续评分和讨论作业，他们不断优化自己的评估能力，从而实现较高的评价信度。

　　同样重要的是，评分过程和围绕学生学业的讨论可以帮助教师反思自己的课程、教学和评价策略，从而对标准的贯彻会更加有效。[10]这种参与提高了教师（教育变革的关键参与者）逐渐理解和接受标准及使用新评价产出数据的可能性。劳伦·雷斯尼克（Lauren Resnick）是匹兹堡大学教学中心的教授和联合主任，在她的著作里就教师依据标准进行教学强调了这样的事实："标准文本甚至带有基准和评论的简明文本是能够影响学业成就的，只要标准逐渐被教师和学生当作个人努力的目标……同样，教师和学生应共同努力参与到一场广泛而持久的对话中，而这个对话是关于学生应该学什么、应该做何种作业，以及应该被期待达到怎样的程度。"[11]

　　对教师来说，参与对评价的测评是非常有效的专业发展，因为评估过程将教师的自我提升与学生的学习测试直接关联，给予教师多角度思考如何提升教学的机会。测评过程也传达了一条重要信息，即教师可以成为变革的积极参与者。认识到教师在支持学生学习方面的关键作用后，测评过程将教师置于应有的地位，即学校改进过程的中心。

　　学会如何使用标准有助于教师基于证据评估学生的作业，而非基于情感或假设。在评分过程中，教师学习如何将统一的指标应用到所有学生的作业中，而不仅仅是将学生的作业相互做简单的比较。参与基于标准的评分过程让教师学会使用证据，这通常会转变教师评价学生作业的方式。正如一位参加过全州范围的学生作业项目表现性评价的小学教师所说："我摆脱了以'A''B''C'或'D'的等级方式思考作业，开始转向思考行为表现的标准和能证明我的评估的证据。"[12]

　　此项工作最有价值的一个方面是，评分环节为教师之间对话提供了机会。这些讨论（发生在评分之前、过程当中或之后）使教师能够知晓州或地区对学生的要求，了解其他教师对标准的理解，领悟标准中蕴含的宏观概念如何体现在学生作业中。依据标准，评价工作有助于教师了解，在其生活的更广泛的环境中，什么才是重要的和有价值的。另外，评分的经历有助于教师就学科要素达成共识和形成共同话语体系，形成一种专业共同体意识，从而促进课堂间更协调一致的教学活动。

评价如何启发学生思考

对有价值的任务评分，为教师打开了一扇窗，让他们看到了学生如何思考及能做什么。设计完善的任务被置于真实的情境中，其要求学生展示和说明自己的作业，并提供多种途径让学生证明自己的能力。[13] 根据这一事实，教师更加了解学生着手处理和解决问题的多种方式。而且，要求期望是公开传达的，因此更有利于学生达到要求。这使得评价对不同类型的学习者来说更加公平和更容易获得。[14]

许多教师表示，参与测评激励他们寻找更多关于学生如何学习和思考的信息。正如纽约市一位参加了表现性评价测评的中学教师所说："我想让我要问的开放式问题足够清晰，以便我从学生那里获得想要的信息。"一位小学教师补充道："我将（给学生）提供更多自我分析、修正和评估的机会。"

参与数学评价资源服务中心表现性评价的管理和集体评分的加利福尼亚州教师，在当天评分工作快要结束时，留出时间反思学生取得的成功和面临的挑战及其对教学的影响。教师、管理者和辅导教师都看到了项目对教师教学的价值。一位来自城市学校的数学辅导教师如是说：

> 之前，我们加入了"硅谷数学计划"（Silicon Valley mathematics initia-tive），并决定参与数学评价资源服务中心的考试。但我们起初不知道签署计划的意义或者将要做多少工作。我一度认为这对我们来说太困难了。但是我们仍坚持稳步推进各个评分环节。不得不说，这是我教育生涯中最有收获的日子。教师们真的能感受到，他们有机会探索学生头脑里在想什么。他们（完成计划工作）离开时都深信，这种对学生作业估评的方式会永远改变他们以后的教学方式。

一位教学督导助理也表达了相同的观点：

> 参与数学评价资源服务中心的考试测评是我们为数学教师提供的仅有的最有价值的专业发展。一整天的考试测评展开了我们对学生的期待要求和学生数学思维方式之间的丰富对话。我们看到了教师们发自内心的真正接受。

曾评估数学评价资源服务中心考试过程的研究者是这样解释这种学习是如何发生的：

> 为了能够准确地为数学评价资源服务中心的一个考试任务评分，教师必须充分挖掘任务中的数学元素，分析学生针对每项任务内容可能采取的多种方案，这将帮助教师进行评价和增进自己的概念性知识。评分过程会充分展示学生的思维过程，同时也会暴露学生中存在的共性的差错和错误观念。正如一位教师所说："我学会了如何以一种完全不同的方式看待学生作业，例如，'关于（学生的）理解方面的内容，这张纸上的分数能告诉我什么？'"如果教师要确定教学目标以帮助学生理清思维和获得理解，那么认识到错误观念至关重要。无论使用什么课程体系，强调核心概念的理解有助于教师构建一系列合理的教学理念。[15]

研究发现，教师和学校参与这个过程，在具有智力挑战性的数学评价资源服务中心的任务和州初级能力考试中，学生的数学成绩和水平均显著提高。[16]当教师学会评价学生需求和设计教学以使学生数学理解更深刻时，学生的进步就会更大。得到更集中的形成性评价培训的教师，其学生将会获得更有效的成果，正如那些更多参与测评、培训和专业发展的教师所教的学生一样。[17]

在俄亥俄州的一个表现性评价项目中，高中科学教师参与学生科学任务作业的评分环节，从而对自己学生的学习情况有了更多了解。正如其中三位教师所观察到的：

> 通过在学生的样例中阐明标准性期望究竟"看上去"是什么样子的，我学会了如何更好地将这些期望应用到教学中。

> 我知道了学生完成项目的反思部分是多么困难。我会尽力去创设一些模型和活动以帮助学生更好地完成任务。

> 学生完成了许多很棒的作业，但是在标注和解释方面有困难，我需要在课堂上给予更多的关注。[18]

评价如何支持深度学习技能的教学

在新英格兰地区，"优质表现性评价"计划一直在许多学校中推行，它通过引入注重高阶思维和表现性技能的表现性评价来支持课程和教学改革。许多一直参与"优质表现性评价"计划的评分环节和专业发展的教育工作者指出，他们的这些经历加深了自己对如何为 21 世纪技能而教的理解。

例如，在马萨诸塞州的蓬塔基特地方学区，对"优质表现性评价"计划连续 6 年的参与开始改变教育工作者和学生进行教和学的方式。督导助理威廉·哈特（William Hart）指出这项工作的影响力如下：

> 像许多地区一样，很多年以来，标准化考试支配着我们地区教师的思维，定义着孩子应该知道什么和能够做什么的实践。教师和管理者将其精力聚焦于寻找最便捷的方式来为孩子的考试做准备。这一聚焦的非预期影响是带来更加说教式的教学。当我们进行了表现性评价的开发和评估，我们的探索收获了一种新的平衡。现在我们评价学生的思维方式、合作意识、独立精神、创新性探索，以及相关的州立标准。
>
> 教师们现在在使用共同的准则来指导其开发与概念或内容的掌握和 21 世纪技能相匹配的项目或任务。他们提出这样的问题："我如何改变教学环境来满足这两方面的要求？我如何帮助孩子成长为合作者？"以这种方式测评有价值的技能和知识颠覆了原有的课堂情境。这项工作需要大量的时间投入和通力合作，但是对学生作业的巨大益处显而易见。有趣的是，最忠实地实施表现性评价将会获得最佳的考试表现……我从中得到的认识是：如果表现性评价做得好，那么你的教学情况就不会差，学生就会成功。[19]

在蓬塔基特，每个学校的每名学生都有一个作业档案袋，它展示了学区所认同的学习习惯标准。4、6、8 和 11 年级的档案袋被提交到一个公共论坛上，并使用整个学区共同的准则进行评价。这项工作的公开性也有助于家长和其他家庭成员理解、支持孩子的学习。督导助理哈特这样解释道：

> 我们让家长参加孩子的陈述展示，这样他们就能看到我们所做的事情。

经常发生这样的事情，家长们流着泪离开这些活动，因为他们被自己所看到的深度学习、广泛技能、优秀品质和习惯所感动，这是他们以前在旧的考试作业中从未见过的。[20]

当教师界定、教授和评价广泛技能时，他们也学会了基于证据而非主观的直觉来测评技能。正如一位教师所指出的："（这项工作）使我思考如何将 21 世纪技能要求应用于我的评价中，以及（如何）给作业而不是给孩子评分。"[21]

"优质表现性评价"计划的负责人劳里·加尼翁（Laurie Gagnon）认为，围绕为学生作业评分而展开的讨论强化了教师对这些高阶能力的理解：

> 将讨论置于证据中……讨论会产生很大的影响力。"使用一个精心挑选的支持性引证，我的意图是什么？写一个好的主题句有什么意义？真实情况又是怎样？"围绕这些问题的讨论为教师带来了重要的学习机会。[22]

评价如何创建学校内部的一致性和探究性文化

教育工作者们也指出，使用共同的评价和准则、参与对学生作业的集体性评分，有助于建立一所学校各年级间教学的一致性。来自另一所"优质表现性评价"计划学校新——罕布什尔州的苏赫根高中，教师指导员珍妮·斯特奇斯（Jeanne Sturgess）这样解释道：

> 之前（参与"优质表现性评价"计划）我们并非总是在团队和班级间保持学习结果的匹配。教师们或许有与标准相匹配的说明准则，但班级间作业不一定具有可比性。
>
> 在过去的两年里，我们与"优质表现性评价"合作的工作强调尽力确保 9 年级科学教师都在以同样的准则做相同的项目，他们对学生的作业也能做出相似的评判。使用共同的准则和表现性任务为教师创造了更多的机会，推动其思考对学生提出要求的严格水平和所提供的公平水平。虽然这项工作带来一个巨大的挑战，但是我们工作的共性（共处的问责体系）保障了标准所带来的最大益处。[23]

对学生作业的协调评分过程支持了这一共性。"优质表现性评价"计划常驻校长联合会的负责人克里斯蒂娜·布朗（Christina Brown）将教师学习为学生作业评分的过程比作裁判员学校的训练："（就像）未来的裁判员学习区分'好球'和'坏球'，并了解其评判标准是什么，掌握熟练技能所呈现的细节特征。"[24]

投入时间和精力让教师设计共同的评价任务并使用共同的准则进行评分，会给教师学习提升和学生学业成就质量带来回报。马萨诸塞州鳕角灯塔特许学校的 8 年级英语教师艾米·伍兹（Amy Woods），谈到以下观点：

> 自从建校以来，我们一直在推行表现性评价。最初，每位教师开发自己的评价和准则，并据此建构不同的教学模式和学生作业，因此每节课的筹备情况也不尽相同。现在，我们用共同的评价形成了具有连续性和协同性的各年级间准则。在为处于持续发展的儿童做准备方面，对作业的集体评分为我们提供了一套共同的话语体系和学校内部更高程度的一致性。[25]

这种一致性使合作更加有效，也是持续进行探究和改进的基础。马萨诸塞州切尔西高中的改进设计管理员普里蒂·约哈里（Priti Johari）指出，她所在的学校使用共同的表现性评价和评估准则不仅促进了教师间合作，而且在教师中培育了一种探究文化。

> 我们在全校范围内创建和评估共同的评价和准则的工作，营造了一种探究文化和合作氛围。四年前教室的门是关着的，彼此间没有合作。只有25％的教师处于专业学习共同体中。现在，我相信100％的教师参与其中了。这是我们了解共同核心标准、解析标准、撰写课程计划和任务、交流计划、互相给予反馈、创建共同的准则，以及集体考察学生作业的学习成果。[26]

新罕布什尔州副局长保罗·莱瑟（Paul Leather）相信，新罕布什尔州当前在进行的表现性评价开发和合作评分工作，对教师学习和学生学业成绩都将产生积极的影响。他给出这一结论的依据是新罕布什尔州高中辍学率降低、高中毕业率提高，以及上大学深造的毕业生数量在增加。莱瑟将之归功于更具个性化教学方式的实施，而这正是因为教师参与了复杂的表现性评价的合作开发和评分过程。他解释道：

> （教师们）将更多的注意力放在学习知识的深度上。而且，他们也在关注评价问题：我们现在要求学生做的事情是学生在以后的实际生活中将要做的事情吗？我们正在鼓励教师和学生进行深度学习。我们要确保应用的评价方式能够推进我们想要的教学过程。这（整个过程）对我们的教师及学生来说都是耳目一新的事物。[27]

小结

教师参与表现性评价的设计、使用和评分的行为，通过一种潜心投入——以高附加值的方式连接教学、评价、学生学习和教师专业发展，将具备实现多种重要目标的潜力。这种表现性评价的方法可以同时支持学生和教师的学习及发展。

通过考察自己学生的作业，教师提高了对学生个体的认识，进一步了解学生的能力，从而在接下来需要做什么以支持学生未来发展方面获得指引。参与评价过程可以帮助教师明确教学的目的和目标，细化对学生的期望要求，创建将知识应用到真实生活情境的学习经历，并为学生提供各种展示自己学识和技能的途径。此外，参与评价过程还能支持教师学习州标准，研究所任教的学科、所教授的学生和相关的教学实践。这种方法也为教师提供了合作的平台和学习机会。换句话说，教师参与基于标准和表现的评价为更好地教学奠定了基础。正如数学评价合作组织的领袖们所指出的：

（在表现性评价中）教师可以和学生一样受益于这种方法……教师们在高利害关系考试中辛苦地提升学生成绩表现，可能逐渐感到无助、失望和困惑……考试安全（test security）的迫切需求意味着，教师常常很少收到有关学生优秀表现或不足、落后表现的具体信息。高利害关系考试结果的反馈时间常常发生在考试后几个月，除了将之作为标记学生成功或失败的最终分数，教师并不能用分数来做什么。

要求学生展示其作业的评价，则是一种塑造不断自我提升的师资力量的工具。共同探究我们想让学生知道的内容和他们已经掌握的内容资料，这种训练让人谦卑，同时也令人振奋。当认知到学生一直在学习和提高，教师之间就会产生一种健康向上、积极浓厚的变革氛围。为了改进教学，教师要深谙所讲授的学科特点和学生学习此学科的方式。可以说，学生的表现性评价为教师提供了详细的形成性反馈意见及有针对性的专业发展指导，有助于获得教师成长和发展所需要的教育智慧。[28]

第五章　迎接表现性评价的挑战

　　到目前为止，尽管我们描述了表现性评价的各项优势，但是表现性评价的正统性问题及其他相关顾虑仍然存在。从 20 世纪 80 年代后期到 90 年代早期，许多州陆续开始设计和实施表现性评价；然而，技术问题、成本负担和《不让一个孩子掉队》法案的考试要求等，导致许多州减少或放弃了州问责系统中的表现性评价的构成内容，虽然在地方仍保留使用。

　　各州遇到的一些问题来自保证评分信度的难度、实施负担和成本问题，其他阻力则来自活跃的利益攸关者群体，他们反对评价的某些方面或者评价的实施方式。在一些州，人们反对是因为对这种评价不熟悉，它超出了传统考试的边界。在其他州，表现性评价实施的方式没有考虑到教育工作者的支持、相关培训和参与时间的需求。在《不让一个孩子掉队》法案框架下，许多州很难得到联邦教育部对其系统中表现性行为要素的准许。

　　但是对美国和其他国家过去和现在的表现性评价的研究表明，这些困难是能够克服的，且表现性评价在确保本国学生学习所需的高阶能力方面发挥着重要作用。在本章中，我们将阐述取得的进展和学到的经验。

实现信度和效度

　　任何评价的一个核心问题是结果的信度，这很大程度上依赖于测量的信度和效度，也就是说，评价是否真实地测量了预期的技能和知识，以及是否在学生、学校、任务和评分者之间完成一致的、可比较的测量。研究者们一致认为，设计完善的表现性评价为测量多种学习提供更有效的方式，但许多利益攸关者仍提出了对信度的担忧。

例如，在美国表现性评价实施的早些时期，佛蒙特州引入了一个写作和数学档案袋系统，这是每位教师在所在班级通过个性化选择的结果。由于其多样性，教师们不能完全协同一致地对档案袋评分，因而不能准确地将学校之间进行比较。[1]而当一个班级评价的是诗歌而另一班级评价的是作文时，很难得到具有可比性的分数。

从那时起，研究更多关注评分一致性更高、标准化程度更高的档案袋系统，其以共同的任务要求和分析准则为特征，就像后来在佛蒙特州形成的最终在肯塔基州得到发展的档案袋系统。肯塔基州写作档案袋是一套统一的表现性任务，它包含 3 种不同的写作样例，每个任务都有具体的指南和评分准则。随着时间的推移，在教师培训体系和全州的审核系统下，信度提高到这一程度：审核员随机对所选档案袋的重新评分，与原始评分的一致性比率可以精确到 99％或达到邻近分数。[2]

在用表现性评价评判学校和学生时，考试官必须制定相关策略，将所测量的内容、评价的管理及对一段时间内学生表现的评分进行标准化处理，从而确保分数的质量和效度。大规模地推行要求学生建构自己答案的考试确非易事，因为这类考试常常要求人工评分员的参与，但是考试管理和评分系统的改善正在提高大规模表现性评价实施的可行性。

这一领域的研究者已经找到了相应的方法，将有助于确保表现性任务的质量使其得出对大多数学生来说更有效和更稳定的结果。[3]在本章节中，我们会回顾过去的二十年里表现性评价在这些领域所取得的进展。

任务设计

高质量的表现性评价建立在我们对学生特定领域学习和认知的了解，对要评价的特定知识和技能（或结构）、评价的目的和结果的内涵所进行的清晰理解的基础上。表现性评价与相关的课程密切地结合在一起。[4]它还可以减少所谓的"建构无关方差"，即在任务的某些方面，它可能会混淆所评价的核心知识技能的测量内容。例如，在任务中使用不必要的复杂词汇或句法，可能会破坏对英语学习者数学技能的准确测量。简化语言的同时保留数学学科的核心特征，这样才能使评价任务达到更有效的测量效果。

当测试规范明确指出要评价的认知技能、主题内容和概念，以及用什么标准来定义合格的表现时，评价才会更有效。[5]内容、技能和准则的规范可以指导制订模板和评分准则，而它们与测量相同技能的任务组一起使用，将有助于确保评价的内容在连续几年里具有可比性，使测量一段时间内学生表现的变化成为可能。[6]

苏珊·莱恩给出了一个"解释任务"模板的样例。[7]任务要求学生阅读一个或多个文本，为了理解文本，评价和解释文本中引入的重要问题，需要具备一些主题领域的先前知识，包括概念、原理和陈述性知识。下面我们一起来思考夏威夷开发的一个解释任务：[8]

> 设想你所在的班级已经学习了一段时间的夏威夷历史。你的一个朋友是班上的新生，错过了之前所有的课程。最近，你们班开始学习"刺刀宪法"（Bayonet Constitution）。你的朋友对这个主题非常感兴趣，希望你根据所学的知识写一篇文章解释一下。
>
> 通过这篇文章，阐述你认为的最重要的观点，包括你在课堂上所学的夏威夷历史和从阅读的文本中所了解的内容。在写作的时候，思考瑟斯顿和利留卡拉尼（夏威夷女王）对"刺刀宪法"的看法，以及其他材料中所体现的内容。
>
> 你的文章应该基于两个主要来源：
>
> 1. 你知道的有关夏威夷历史的总的观点和具体事实，尤其是你对"刺刀宪法"时期历史的了解。
>
> 2. 你从昨天的阅读资料中所了解的内容。

接受此任务之前，学生需要阅读提示中提到的原始资料文件。这项任务要求学生不仅要从不同来源渠道理解资料，还要将其整合到自己的解释中。这仅仅提供了解释任务模板生成的其中一个任务样例。评价系统可以每年使用这种任务类型，并在维持任务核心特征的前提下更新内容。

任务审核和现场测试

研究人员发现，通过对测试项目和准则的仔细审核和现场测试，可以获得更有效和可靠的评分结果，从而确保任务测量预期的知识和技能。这包括从学生思考任务的要求及如何尽力解决问题等方面，对学生进行访谈。[9]对任务进行单独试点也让审核人员有机会了解学生对任务文字说明和指示的理解，并评价其对不同学生群体（如母语不是英语的学生）的适度性。

大规模现场测试提供了有关任务质量的补充信息，如题目的心理测量特征。具体试验包括分析学生作业，确保任务调动起预期的知识和技能，并保证指示和措辞是清晰的；还包括测试不同版本的任务，发现适应不同学习群体的最有效的版本。遵循这些流程，开发人员能够创建出理想的任务，不仅对预期目的来说更清晰有效，还能够更加可靠地评分。

评分

也许围绕这些评价最常见的问题是，如何确保不同评分员评分的可比性。前文提到的大多数评价系统，无论是在美国还是其他国家，使用共同的评分指南或准则让评分员参与培训、标定和协调程序来确保一致性。

人们已经掌握了许多方法来建立有效的培训和协调程序。我们在上文提道，肯塔基州写作档案袋体系在评估者之间建立了显著的信度，例如，档案袋由特定类型的一组任务构成，同时具有结构完善的评分准则、教师协调的评分程序，以及为学校提供有效反馈的审计制度。许多表现性评价的开发人员已经学会管理这些流程以实现评分员之间90％及更高程度的信度，并与大学预修课程系统和其他长期测试所达到的水平相匹配。[10]

人们发现，当将任务标准化，评分员通过有效的培训形成对评分准则的统一理解，从而协调一致地应用准则时，表现性评价的人工评分具有较高的信度。此外，设计高质量的评分准则也会提高评分的效度和信度。这些准则具有以下特征：

- 专为一系列任务或特定任务模板而设计；
- 包括与要测量的流程和技能相匹配的标准，如数学任务中考查的计算的流畅性、策略性知识和数学沟通技能；
- 制定评判行为表现质量的标准，并理解不同熟练水平的学生将如何处理任务内容及教学专家如何参与其中；

- 确定反映学习进度和重要评分标准的分数等级；

- 通过对一批学生的研究进行验证。[11]

全世界有各种教师评分的标定和协调系统。在纽约州，经过首轮培训，大学评议会考试的教师评分活动会在学校或地区层面进行，同时辅之以州教育部定期的分数审核，随后再进行重新评分和教师的再培训。在加拿大的阿尔伯塔省，教师参加了集中性评分环节，包括针对基准试卷的培训和对分数的反复校准以达到高水平的一致性。在这些评分环节中，"组长"（table leaders）不断地核查评分的一致性。

在英国和新加坡，以类似的策略使用基准试卷和学生"记录文档"，其中包括学生作业，其有关学习进度的得分已得到评估。培训教师学会使用这些材料，理解每项得分点的含义并对评分进行标定。此外，学校内部应用协调程序让教师校准分数以达到基准，并进行相互标定，同时外部的评分协调员也考察学校已评分的考试，必要时启动附加培训。在高中层面，考试委员会履行培训提供者和校准评分员的职责。

在澳大利亚的昆士兰州，学校表现性任务取样由专家组的教师重新评分，这些教师指导学生给学校提出反馈并做出可能的分数调整。在维多利亚州，通过一个检查系统审核项目任务、学生作业和分数的质量和恰当性，并将所有反馈提供给学校。这两个州使用统计协调体系来确保相同的评价标准用于所有学校的学生。该协调体系基于学校外部考试的结果，调节每个学校的学生表现性评价的水平和分布，以匹配学生在共同的外部考试分数中对应的情况。

在 125 个国家参与的国际学士学位项目中，教师接收计算机传送的待评分的试卷，通过在线的培训程序，评估自己准确评分的能力，从而校准评分以达到共同的基准。教师上传已评分的试卷，以供需要时进一步地评估或审核并进行分数登记。同样，在中国的香港及其他 20 个省，大多数开放式评价的传送和评分正在通过计算机进行。与其他许多地方一样，中国使用双重计分制以确保评价的信度，如有不一致的情况出现，则由第三个评分员介入。

最近，有关人员开发出自动化评分程序，对长短建构性应答题进行评分。自动化评分已成功地应用于多种背景，从州一级课程终结考试到高校学习评价[12]，再到全国教育进展评价（NAEP），它们要求学生参与用数学推理来解释的数学在线项目和使用搜索引擎的 NAEP 系统模拟学习。[13]在使用物理模拟的 NAEP 研究中，一项交叉验证研究显示，人工评分员和计算机评分之间的一致性达 96%。在更复杂的拓展型高校学习评价任务中，人工和计算机评分的相关系数也较高，可以达到 86%。[14]

测量成长

总体上，为确保评价能更好地测试学生的学习成果，还有许多相关工作要做。当前许多测试学习成果的考试存在的问题是，其可以通过题目检测各州定义为年级标准的项目，但不能衡量学生在对概念的深入理解或技能的逐步发展上表现出稳步、合理的进步。无论使用什么类型的题目，这些问题都会存在。

一些评价专家，如罗伯特·梅斯雷弗（Robert Mislevy），则认为部分基于对学生使用的策略数量和种类的分析，表现性评价可以更好地测量高阶认知能力和问题解决策略方面的发展与变化。[15]还有一些专家指出通过设计体现学习进程的表现性评价来推进成长测量的可能性。学习进程显示学生在某个内容领域获取相应理解的意义，并确定学生在基础知识建构连续体中所处的位置。展示 5.1 呈现了澳大利亚发展性评价项目（Australia's developmental assessment program）中的一个学习进度情况。学生理解数字概念的进展可以在连续体上绘制，在按规范确立要求的背景下，展示了学生个体成长的图景。[16]

这些进度类型可以像在澳大利亚和英国一样，用于设计内容标准和表现性任务，并测量学生在发展内容领域上的理解和素养上取得的学习成果。[17]此外，进度图也有可能产生更有意义的、跨越年级水平的评价量表，从而更有效地解释有关学生成长的分数。其他一些国家已在开展相关的研究和开发，因而这方面的研究将会取得重大进展。

展示 5.1　计数和排序的学习进度图

计数和排序的学习进度图后半部分内容如下所示，其显示了通常从 1 年级到 5 年级的发展序列中所涉及知识、技能和理解的样例。进度图对跟踪儿童个体在一段时间内的发展十分有用。通过设置进度图上特定表现的任务，评估可以快速呈现学生在进度图中所处的位置，这种系列评估有助于评价学生几年间取得的进步。

1. 计算物体对象的集合以回答"有多少"的问题。给出或绘制指定规格的集合。（正确回答"给我 6 只熊"的问题。）

合理地估算小集合的大小，最多 10 个。（对 7 个扣子来说，2 或 15 不会是一个合理的估计，但 5 会是。）用数字线、百位图或心算（2，4，6······）跳跃计算 2 的倍数或 3 的倍数。

使用数字来判断大小、多少等数量关系。（如果他家有 7 只老鼠，我家有 5 只，那么他家的更多。）

使用表示顺序的词语，如第一，第二，第三。（我第二个吃完午饭。）

2. 从任何整数向前数和向后数，包括跳跃计算 2 的倍数、3 的倍数和 10 的倍数。

使用数位来将整数区别和排序。（将 4 张 10 美元的纸币和 3 枚 1 美元的硬币统称为 43 美元。）

估算一个集合的大小。（最大为 20。）

在描述和比较事物时，恰当地使用分数语言。（如二分之一，三分之一，四分之一，五分之一，十分之一。）

表示和比较单位分数。（盛出三分之一杯的砂糖。）

描述和记录简单的分数等量物。（剩余的半个披萨和两个四分之一之和同样多。）

3. 普通分数间的计算。

将十进制数转换为小数点后 2 位（1 米 25 厘米可表示为 1.25 米；3 枚 1 美元硬币和 1 枚 5 美分硬币为 3.05 美元；1750 克为 1.75 千克。）

将总钱数用尽可能最少的纸币和硬币重新组合。（$11\times\$5+17\times\$2+8\times\$1$ 重组为 $1\times\$50+2\times\$20+\$5+\$2$）

使用材料和图表表示分数。（将带子折叠为五等份，遮住 3 份以表示 3/5 的概念。）

使用分数符号表示归纳。（四分之一等于八分之二可表示为 $1/4 = 2/8$。）

4. 计算十进制小数（0.3，0.6，0.9，1.2······）。

比较和排序十进制小数。（对给定的保留到小数点后 2 位的儿童体重数据排序。）

使用位值解释小数的排序。（哪本图书馆藏书应排在前面——65.6 还是 65.126？为什么？）

　　阅读以 10 的倍数标定的量尺。（在以百分位为刻度的卷尺上读 3.97，以十分之几标记。）

　　使用符号"="" < "和" > "对数字进行排序和比较。（6.75 < 6.9；5×＄6 > 5×＄5.95）

　　比较分数并排序。（1/4 小于 3/8。）

　　5. 使用统一的比值形式——1 份对 X 份。（饮料与水的比例是 1 比 4。）

　　理解用普通分数描述部分占整体的比值。（5 个学生中有 2 个骑自行车上学，那么在 550 人的学校中，则有 220 人骑车上学。）

　　使用百分比进行直截了当的比较。（50 投 26 中，投中率是 52％，40 投 24 中则是 60％，所以这次的成绩更好。）

　　在小数、分数和百分比之间进行等值转换和比较。（减价 1/3 比 30％折扣好。）

　　使用整数幂和平方根描述事物。（发现面积为 225 平方厘米的正方体的边长的数值是 225 的算术平方根。）

———————

资料来源：节选自 Mathematics-a curriculum profile for Australian schools，Curriculum Corporation，Victoria 1994，pp 26，40，56，70，86. Reproduced with permission from Education Services Australia，2014.

评价的结果

　　验证测试过程的基本原理是评估预期和非预期的评价结果，被称为"结果效度"[18]。表现性评价旨在提升教学水平，因此，获取评价所产生积极或消极影响的证据尤为重要。[19]

　　纽约表现性标准联盟的研究表明，毕业于纽约市的这些学校——毕业率比全市整体水平高得多，尽管学生多数来自低收入、有色人种和新移民家庭，学生在大学里比全美多数学生更成功。[20]学生们指出，必须完成的研究论文和展览及伴随的反馈和修改过程，以及最终或有时是随后的答辩是他们获得成功的关键要素。

正如以上学生和其他人所指出的，有效的表现性任务所带来的清晰的标准和规范可以帮助学生改进作业，特别是如果它们以后被逐渐应用于多种形成性和终结性评价。例如，如果对写作中的证据使用、信息的准确性、对立观点的权衡、论述组织的清晰性及写作常规的关注度反复评估，学生就会将标准内化，并更有效地指导自己的学习。作为这一过程如何运作的样例，一项研究发现，当学生花更多的时间讨论学习内容和作业及评估自己的成果时，引入这种评估标准可显著提高个人学习成绩。[21]

英国研究者保尔·布莱克（Paul Black）和迪伦·威廉（Dylan Wiliam）对数十项研究进行分析后发现，定期运用这类以明确的标准来指导反馈意见、学生修正和教师教学决策的开放式评价，也被称作形成性评价，可以比大多数已实施和研究的教学干预产生更大的学业成就。[22]

研究发现，或许出于相似的原因，与其他同事一起参与表现性评价评分的教师能更充分地理解高质量作业的标准和维度，并相应地聚焦自己的教学。[23]

这些表现性评价潜在的积极结果预示着可能性，而不是确定性。评价的质量、建构的程度、实施的周密程度都影响着评价的结果，因而必须将这些因素予以考虑。

确保公平

为确保评价的公平和有效，重要的是消除那些影响行为表现但与所测量的具体知识和技能无关的特征。任务的措辞和语境、所要求的应答方式、评分员对应答或表现的无关特征的关注等，这些都会导致问题的产生。例如，在设计测试学生数学问题解决能力的表现性评价时，应将任务设置在学生群体熟悉的背景中。如果出现一个或多个学生群体不熟悉的特定问题背景，学生的表现就会受影响，并且会损害对学生分数解释的有效性和公平性。同样，如果数学表现性评价需要高水平的阅读能力，并且数学水平非常相似的学生由于阅读能力的差异而表现不同，那么评价在某种程度上是在测量某种知识结构，即阅读能力水平，而这并不是该评价的目标。

这些问题尤其值得英语语言学习者关注。尽管对表现性评价的语言要求的担忧是合理的，但一些研究发现，与传统考试相比，语言对开放式的提示要求不再是一个问题。例如，一项最新研究发现，与广泛应用的语言艺术考试（主要由选择题目构成）

成绩相比，学生对写作提示的作答较少受学生背景变量（包括英语语言学习者的身份）的影响。[24]

　　事实上，正如测试专家贾马尔·阿贝迪（Jamal Abedi）所解释的，比起选择题评价，结构设计完善的表现性评价更适用于作为英语语言学习者的学生。[25]首先，在许多表现性评价中，语言不是唯一的评价媒介。如上所说，许多任务融合了图像或动手操作等不同的媒介要素，作为英语语言学习者的学生能够理解考试的内容并对任务做出应答。绘制相应关系的图形表征，如前面展示的一些数学题目，或者亲身完成一项科学活动，如整理和区分物质，如上述的 NAEP 科学任务要求学生以多种方式展示知识。

　　其次，选择题考试通常包括合理正确的答案，这里应试者应该在几个合理的选项中或意在迷惑应试者的干扰项中选择最佳答案。这些问题对初级英语语言学习者或有学习障碍的学生来说可能尤其突出，学生可能理解材料的大致含义，但不能按要求区别细微的语言差异。

　　最后，在表现性评价中，评分员可以评估应试者对所学内容的掌握程度，这样评分员用自己能说明的知识（如一个数学问题的解决方法）给学生打分，而不是只计算正确和错误答案的数量，却不了解学生阅读文章或解决问题的实际能力。尤其是对特殊学生群体而言，答对题目的指标绝对不是其能力的直接表现，其分数可能具有迷惑性，因为这些题目不仅不能显示学生是否理解了所有或部分资料，还会使学生对问题或应答选项的说明、形式或措辞产生困惑，或者可能在应答的过程中犯下若干个小错误。

　　出于这些原因，英语语言学习者和有学习障碍的学生有时在表现性任务中表现得更好。提供给未通过州高中毕业考试学生的新泽西特殊评审评价证实了这种情况，这种开放式的表现性任务与选择题考试中的题目目标一致，测试相同的标准和概念，但是已被证明更适用于这些学生群体（见展示 5.2 的任务样例）。

　　在任何类型的考试中，精心的设计能对特殊人群的效度产生影响。贾马尔·阿贝迪和他的同事们确定了许多测试题目中降低阅读速度和增加误读可能性的语言特征。他们发现，通过降低句子结构的复杂性和用更熟悉的词汇替换不熟悉词汇，可以提高英语语言学习者和其他低水平或平均水平班级中学生的表现。[26]这些语言修改可以用在表现性评价的设计中，对英语语言学习者和其他可能有阅读困难的学生来说，有助于确保有效和公平的评价。

　　展示 5.2 表明，新泽西特殊评审评价中的任务如何在不改变测量的知识和技能的情况下通过语言修改而使之更适用。语言修改减少了 25% 以上的任务说明文字，删除了条件从句和复杂的语法（如被动语态），并使用更熟悉的词汇。修改过的任务更容易读懂，但能测试出同等的数学技能。

展示 5.2　新泽西教育部

2002—2003 特殊评审评价中数学表现性评价任务初始项目

起初的题目

　　多萝西（Dorothy）要竞选学生会的主席，她想制作张贴在校园里的竞选海报。她确定需要贴在四个走廊上，每个走廊需要 6 张海报。制作一张海报需要消耗一个人 30 分钟，花费 1.5 美元。

　　A. 多萝西制作所需海报的总费用将是多少？展示你的运算。

　　B. 如果两个人一起工作能在 20 分钟内制作一张海报，那么通过找一位朋友来帮忙，多萝西总共可以节省多少时间？展示你的运算。

　　C. 如果多萝西独自工作 3 小时后她的朋友才加入，那么制作所需海报总共需要多少时间？展示你的运算。

　　D. 多萝西的竞争对手奥马尔（Omar），决定找一个星期六制作自己的竞选海报，并找他的朋友贾尼丝和贝丝（Janice & Beth）帮忙。他知道如果独自制作，他可以在 12 小时内制作 24 张海报，而贾尼丝可以在 10 个小时内制作 24 张海报，贝丝可以在 9 个小时内制作 24 张海报。如果这 3 个人一起合作制作 24 张海报，将需要多长时间？将所有的小数位数四舍五入到最近的百分位。展示你的运算。

　　E. 当奥马尔去购买海报所需材料时，他发现制作一张海报的成本上涨了 20%。如果他想和多萝西花费相同数量的钱，他将能够制作多少张海报？求证你的答案。

经过语言润色过的题目

　　你想在 4 个大盆中分别种植 6 束玫瑰。每种植一束玫瑰需要 30 分钟，花费 1.5 美元。

　　A. 种植所有玫瑰花的总成本是多少？展示你的运算。

B. 在一位朋友的帮助下，你只需 20 分钟就能种植一束玫瑰花。通过朋友帮忙，你总共节省下多少时间？展示你的运算。

C. 你独自工作 3 小时，然后一位朋友加入。最终种植所有的玫瑰花将需要多少时间？展示你的运算。

D. 你可以在 12 小时内种植 24 束玫瑰，你的朋友阿尔（Al）可以在 10 小时内种植 24 束玫瑰，你的朋友金姆（Kim）可以在 9 小时内种植 24 束玫瑰。你们三人一起种植 24 束玫瑰需要多长时间？将所有的小数位数四舍五入到最近的百分位。展示你的运算。

E. 你刚刚发现，购买一束玫瑰的成本上涨了 20％。用一束玫瑰 1.5 美元时你花费的钱，现在你能种植多少束玫瑰？求证你的答案。

———————

资料来源：Abedi J(2010).Performance assessments for English language learners.Stanford：Stanford University，Stanford Center for Opportunity Policy in Education.

最后，正如阿贝迪所指出的，表现性评价为诊断性目的提供了更可靠的信息，帮助教师进行教学。与选择性应答相比，表现性评价展示了更多的学生过程性技能、问题解决的方法及特定领域的能力。表现性评价也模拟学习活动，且作为系统的一部分，鼓励教师使用与任务类似的更复杂的作业或形成性评价。表现性评价提供更公平的学习机会，给予教师更多支持深入学习的信息，因此特别是对包括英语语言学习者在内的有特殊需求学生群体有很大帮助。[27]

一般来说，通过保障所有学生获得丰富的作业和学习机会（这是基于课堂的表现性评价所设立的一个目标），并由专家设计任务和准则，分析学生解决表现性任务时的思考过程，公平问题可以得到解决。使用通用的设计特征（如语言修改和润色）和试点测试也能提高公平性，其中，试点测试可以促进基于小团体差异特征的任务修改。

支持可行性

美国表现性评价在实践中出现了诸多可行性问题，其中包括如何有效设置可推广和评价的高质量任务，如何管理开放式题目评分的时间和成本，以及怎样确保教师顺利实施评价而不至于手足无措。可行性系统也需要充分利用评价开发、管理和评分过程中发现的效益，本章节和随后的第六章都会进行讨论。

任务设计的效益

在许多迭代更新的推动下，作为测量和教学工具的表现性评价将更加富有成效。例如，可以将任务设计为在多个内容领域产生不同表现维度的分数，这包含理论和实践上的诉求。能够产生多个分数的设计完善的任务，可以减少任务开发、考试管理和评分员评分所用的时间和其他成本。[28] 打破内容领域限定的任务也会激发一种整合性更强的教学方法。

例如，在特拉华州评价体系中，基于文本的写作任务是与阅读评价的文章相关联的，它对学生应答进行两次评分，一次是针对阅读，一次是针对写作。任务要求学生在写作之前阅读一篇文章，问题如下所示：

> 你刚刚阅读的这篇文章阐述了有关油脂处理方面的一些问题和潜在的解决方法。你认为油脂应该被归类或标识为污染物吗？
>
> 给环境保护局写一封信，解释油脂是否应该被归类为污染物。使用这篇文章中的信息支持你的观点。[29]

这个任务与特拉华州课堂教学实践中相关阅读与写作的环节相匹配。学生首先要阅读一个主题，然后使用阅读获取的信息支持写作中的观点。

美国教育考试服务中心的研究人员目前正在研究相关措施，可以全年在不同情境中进行数学和语言艺术方面的表现性评价，从而使学生获得准确的学业成绩。[30] 这将不仅可以在表现性评价中呈现更多的内容，而且让评价以更接近教学的方式进行管理，来自任何一个主管部门的信息都可为未来的教学实践提供资源。将来，评价可以提供形成性的效益和总结性的分数，以一种更加整合、更有效的方式来支持教学。

技术进步

计算机技术的进步使测量行为表现其他效益的实现成为可能，同时也为基于表现的模拟系统提供了保障，使之在形成性评价和终结性评价项目中可以评价问题解决和推理能力。使用计算机模拟的大规模评价已广泛应用于医学、建筑和会计的资格证书考试体系中。如医学中，医学考生得到一份病人的诊断报告，然后必须通过筛查病史和体检项目，在病历中记录需要做的检查、治疗和会诊来管理病人的病例。根据病人的病情和考生采取的方案，病人的情况会发生实时变化。计算机系统生成一份报告，展示考生所采取的每个行动，并对其决定的恰当性进行评价。

除了评价学生的应答，新技术使评价可以充分获取学生的行动过程、采取的策略及学生的成果。计算机可以监控和记录学生与解决问题所用工具之间的互动，对学生如何使用这些工具进行评价。[31]教师可以根据学生得出答案的情况来指导教学和监控学生的学习进展。[32]

计算机技术也可以用于创建高效的在线培训、校准和评分系统，从而使表现性题目的设置节省时间和金钱。现在，学生上传任务并发送给教师，教师下载后评分，这完全可以在家里实现，且仅需一杯咖啡的时间。同样地，这些教师将通过在线培训学习评分，计算机将保证教师评分的可信度。教师上传的评分任务可以随时被审核，从而确保评价得到一致的评分。

最后，使用自动化评分程序来评估计算机模拟任务中学生的表现，可以解决人工评分的成本和时间需求问题。为确保计算机适应性测试这个新领域的公平性，最重要的是给予考生在导向系统不断练习的机会。[33]人工智能的发展可以帮助减轻评分负担，缩短周转期，尽管复杂编程的需求还不能大大降低成本（见第六章）。

同时，让教师担任评分员可以降低成本（见第六章），也有助于提升教学和交流水平。受过评分培训的教师可以将标准的含义内化，因为他们能更好地理解学生思维和错误认识以指导教学。用于表现性任务评分的准则提供了一种统一的语言和共同的框架，让教师可以认识、讨论和评价学生作业，并支持教师间的合作和学习。[34]

教师不必通过为150个相同的题目评分来获得这些收益。他们可能要对已由计算机评分的任务子样本评分，这是对计算机评分有效性的持续审核，也是教师自身的学习机会。将来，通过策略性地结合机器评分和人工评分来组织评价是可行的，它在为教师提供参与机会的同时也减轻了其负担。

创建各州能力

纽约州、肯塔基州、马萨诸塞州、佛蒙特州和其他州的表现性评价发展历程，为如何开发和管理评价、带动教师参与专业发展、创建支持持续测试系统等提供了丰富的经验。其中，纽约州是一个有趣的个案。鉴于其拥有包含表现性元素在内的长达 135 年的评价历史。在其发展早期，纽约州所有的考试都是开放式的论文考试和问题解决方案，在州一级统一协调下由教师开发和评分。现在，英语、全球历史与地理、美国历史与政府、数学和科学等学科的大学评议会考试是基于教学大纲的课程结业考试，可能是美国最接近英国的考试系统。纽约州的所有教师都参与到大学评议会考试过程的方方面面，从题目和任务的开发，到评审、培训及评分。教师从教学中脱离出来，在开展专业发展的日子里进行评分，由审核系统对待重新评分试卷进行抽样，随后是分数调整和进一步培训。肯塔基州有一个类似的过程，用基准表现和共同的评分指南开展的大量教师培训和持续的审核，促使评分达到高度一致，也使教师对高质量作业达成更多的共识。

在学校间创建一致的地方评分原则使结果具有可比性的系统，需要进行实质性的规划。各州需要致力于教师培训，理想的情况是形成将教师召集到一起评分且教师之间可以相互学习的评分协调环节。在培训之后，各州可以决定仅聘用能证明自己可以根据共同的基准进行可靠的评分的合格评分员。各州也必须提供一种系统的方法来审核分数，进行反馈和调整，这些是产生全州范围内一致的评分所必需的。有证据显示，随着标准和程序逐渐被教师内化并纳入教学中，精心设计的持续的流程随着时间的推移会产生越来越具有可比性的评分。要逐步实施更大规模的表现性评价，应该留出足够的时间，不仅要各州完善和改进审核流程，而且要让地方教育工作者将州一级总体的表现性标准不断地内化和吸收。

第六章　提供负担得起的高质量评价

　　许多决策者认为，在大规模考试中大量使用表现性题目成本太高。然而，实际上考试支出只占教育支出的一小部分。小学生的人均教育支出仅 10,000 多美元，其中用于数学和阅读的整合性考试的总费用为 25 美元，这是《不让一个孩子掉队》法案指导下大多数州的平均数，它不到 K - 12 教育支出的 0.25％——这也低于家用汽车半桶汽油的成本。为了解这项投资的相对规模，可以参考这一事实：大多数人每年至少花费 300 美元用于汽车的常规检查，而这是探明学生在州教育系统中学习效果所需费用的 10 倍。

　　具有讽刺意味的是，考虑到问责政策会对分数产生的重要影响，州一级考试的微小投资实际上会对教学产生巨大的影响。选择题考试虽然成本很低，但几乎不能激励教学侧重高阶思维和表现性技能。开放式的评价（作文考试和表现性任务）成本虽较高，但能支持更高要求的教学过程。针对高阶学习，更具开放性的测评的市场价格基准如下：大学预修课程考试通常包括论述题或作业档案袋，其每项评价的定价约 90 美元；而学生参加的国际学士学位项目评价，其包括开放式的应答和基于项目的考题，每项成本约为 100 美元。[1]

　　然而，大规模的投资并不能从根本上为各州提供更高质量的评价。研究表明，如果各州和地区能更周密和更高效地组织评价活动，那么现在它们在低质量考试上的投入和在更高质量评价上的花费同样多，甚至更多。根据两项独立研究的最新统计，平均每个州在英语语言艺术和数学考试上的花费是生均 25 到 27 美元，各州的浮动范围是 13 到 105 美元。[2]另外，州和地方在期中和基准考试上的花费在此基础上生均额外增加了 17 到 18 美元，其中考试准备资料、考试管理和分析人员或者教师用于评分和其他与考试相关的专业发展的时间成本不计在内。[3]若把以上支出包含在内，州和地方仅在英语语言艺术和数学考试的总成本就超过生均 50 美元（见图 6.1）。

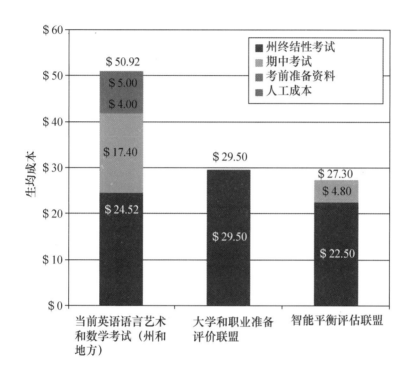

图6.1 州和地方英语语言艺术和数学考试生均成本

正如我们所评述的，当下这种支出水平能够支撑高质量的评价，它包括可以测量更复杂学习目标的开放式题目和表现性任务，并由教师和更精密的人工智能引擎评分。然而出乎意料的是，由于这些数十亿美元的资金大都用于不测量也不鼓励高阶技能的狭窄测试，因此，教育支出并没有促进学习水平的提高。如果改变这些资金投入的方向和使用目标，学习能力的提高或许可以实现。

如何使高质量的评价可以负担得起

早期研究和对当前项目的成本估算提供了比较相似的估价，即与选择题考试相比，表现性评价的成本相对较高。例如，按照当前的美元价值估算，[4] 根据对重要的表现性题目评价组合的开发、管理和评分的多项研究，成本估价是生均 30 到 50 美元不等，这取决于表现性题目的广泛应用程度。[5]这些估价大多建立在美国 20 世纪 80 年代后期和 90 年代早期的评价实践基础上。相比之下，大多选择题考试的开发、管理和评分成本为生均 20 到 25 美元。基于表现性任务的考试和选择性应答考试之间大概的成本是 2 比 1，这一比值在所有研究中也相当稳定。

美国审计总署 1993 年的一项研究强调，潜在的成本节省建立在表现性评价成本的大幅扩展基础上，表现为从 16 到 64 美元（平均为 33 美元）。较高的估价大多来自小规模的实验研究，其使用专门的且须交付学校的资料和设备（如科学工具包）。[6]这种扩展表明开发和实施表现性评价具有规模效益和发展经验的潜力。研究发现，当更多的学生被纳入考试管理中时，固定的成本被分摊到更多的学生，成本就会降低。

先前研究指出，按照当前的美元价值，单个表现性任务的评分估价是生均 0.79 到 8 美元左右（见表 6.1）。[7]此外，成本的变化与任务的性质、评分员的数量及所包含的成本类别相关。

表 6.1　表现性评价的评分时间和成本估算

评价项目	评分情况	成本估算 （转换为 2009 年美元价值）	研究来源
肯塔基州教育进展评价项目：25 分钟论述题	整体评分 2 次（不包括招募评分员、寻找评分地点、培训组长、选择测距试卷和其他类型的人工成本）	每个学生 1.65 美元	巴伦，1984
斯坦福学业成就测试研究学习：45 分钟的论述题	整体评分 1 次	每个学生 0.79 到 2.14 美元	布里兰，坎普，琼斯，莫里斯，罗克，1987
加利福尼亚州评价项目：45 分钟的论述题	评分 2 次	每个学生 7.29 美元	海姆斯，1991
大学委员会英语写作：20 分钟的论述题	评分 2 次	每个学生 8.58 美元	技术评价局，1992
几何证明题	无数据	每个学生 4.38 美元	史蒂文森，1990
肯塔基州评价：多个学科领域的定制任务	每个学生的总评分时间为 12 分钟	每个学生 4.38 美元	希尔，里迪，1993

资料来源：Baron J B(1984).Writing assessment in Connecticut：A holistic eye toward identification and an analytic eye toward instruction.Educational Measurement：Issues and Practice，3，27－28，38；Breland H M,Camp R，Jones R J，Morris M M,Rock D A(1987).Assessing writing skill.New York，NY：College Entrance Examination Board；Hill R，Reidy E(1993).The cost factors：Can performance based assessment be a sound investment?Unpublished manuscript；Hymes D L(1991).The changing face of testing and assessment.Arlington，VA：American Association of School Administrators；Stevenson Z，Averett C,Vickers D(1990，April).The reliability of using a focused-holistic scoring approach to measure student performance on a geometry proof.Paper presented at the meeting of the American Educational Research Association，Boston，MA；Office of Technology Assessment.(1992).Testing in American schools：Asking the right questions(Report No.OTA-SET-519).Washington，DC：US Government Printing Office.

评价解决方案集团在一项周密、充分的研究中利用更具可比性的当下数据证明，构建可负担得起的大规模的评价系统是可行的，这个系统包括大量的建构性应答题、能可靠评价的基于课堂的表现性任务及传统的选择题，其成本不超过信息量少得多的现行系统。

基于多个来源的实证经验性成本数据，评价解决方案集团的研究显示，此类系统的花费可以控制不超过当前每个州平均考试支付成本，而英语语言艺术和数学考试的成本大约为每个学生 25 美元。[8] 这个可以通过充分利用规模效益做出合理决策来实现，而当各州以考试联盟形式联合起来，使用新技术分发和评价标准化测试，并以周密的方法使教师参与表现性题目的评分时，规模效益就能够实现。

评价解决方案集团开发了成本模型，对两种考试类型进行一对一的比较：一种是典型的终结性选择题考试，主要由选择题构成；另一种是高质量评价，包括更多的建构性应答题目和新题目类型，如表现性活动（较短的课程嵌入式任务）和更高要求的表现性任务。表 6.2 展示了一个典型的州考试中，每个年级选择题和拓展型应答题目的数量，以及对一种新的"高质量"评价的说明，即以选择题目的减少和表现性任务的增多为特征。模型是建立在《不让一个孩子掉队》法案指导下的考试要求系统（3、8 和 10 年级英语语言艺术和数学考试）的基础之上。

高质量评价应该包括 2 种表现性活动、1 种或 2 种表现性任务，另外还有更多的建构性应答题。表现性活动和表现性任务之间是有区别的：在表现性活动中，学生个体在终结性考试情境中完成一个纸笔形式的应答，如一个用 1 到 2 节课时间完成的拓展型写作要求；而表现性任务涉及更高要求的作业，如研究项目中，学生准备一篇论文并做口头陈述。表现性任务中，评价成本涵盖课程和资料的开发，从而在整个任务中为学生的学习进程搭建框架，并预留出更多的评分时间。

表 6.2　高质量的终结性评价设计

终结性评价项目	题目数量				
	多项选择题	简短的建构应答题（SCR）	拓展型建构应答题（ECR）	表现性活动	表现性任务
数学					
当前典型评价	50	0	2	0	0
高质量评价	25	2（3 年级有 1 个）	2（3 年级没有，4 年级有 1 个）	2	2（3 年级没有，4 年级有 1 个）
英语语言艺术					
当前典型评价（阅读）	50	0	2	0	0
当前典型评价（写作）	10	0	1	0	0
高质量评价（阅读）	25	2（3 年级有 1 个，4 年级有 2 个）	2（3 年级有 1 个，4 年级有 2 个）	2	1
高质量评价（写作）[a]	10	2（3 和 4 年级有 1 个）	2（3 和 4 年级有 1 个）	2	0

[a] 在 4、7 和 10 年级施行

　　根据该模型估算，当前典型的州选择题测试组合（包括阅读和数学考试，外加基准考试或期中考试）中，每个学生花费约 50 美元。同一个州，包括相同学科和基准评价的高质量评价，在采用降低成本的策略之前，每个学生花费为 55 美元左右。在采用降低成本的策略后，表现性评价的成本显著降低了，最理想的情况是每个学生所需花费低于 20 美元。（见图 6.2）

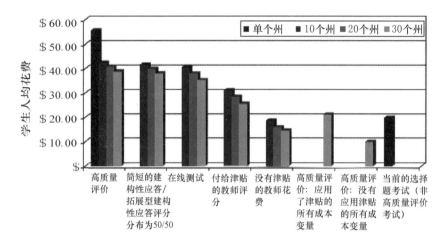

图6.2   高质量评价人均减少的支出情况

这些降低成本的策略包括以下几种。

· **加入一个联盟**。此模型包括 10、20 和 30 个州组成的不同规模的州际联盟。建立州际联盟可以使每个学生的花费成本降低 15 美元。联盟的方法可以促进评价成本的大幅降低。

· **运用技术**。计算机被用于在线考试题目的传送、部分开放式题目人工评分的分派，以及一些建构性应答题的自动化评分。这些创新举措可以为每个学生节约成本 3 到 4 美元，当编程和使用技术的效益提高时，成本可能降低更多。

· **使用教师协调评分的两种方法**。教师协调评分可以使成本大幅降低，并使教师获得实质性的和潜在的专业发展收益。评价解决方案组估算了教师协调评分的两种模式：一种是专业发展模式，州或地区除了对常规的专业发展日提供支持外，对教师没有任何其他形式的补助；另一种模式为教师提供每天 125 美元的津贴。启用教师评分员的策略可以为每个学生减少 10 到 20 美元成本，这具体取决于给教师支付报酬，还是将其工作视为专业发展培训内容（见表 6.3）。

表 6.3   不同教师评分模式下的评价成本

联盟规模	订约人成本（现场评分）	教师津贴（125 美元）	教师专业发展评分
10 个州	42.41 美元	31.17 美元	18.70 美元
30 个州	38.83 美元	25.71 美元	14.57 美元

如果将节约成本的所有可能策略结合起来，在 30 个州构成的联盟中，用于每个学生高质量评价的成本可控制在 15 美元以下，低于典型的终结性州考试的估计成本。而支付给教师的评分津贴使成本增加到每个学生约 25 美元，约等同于现在学生参加典型的选择题测试组合所需要的费用。基于教师对当下类似任务的评分时间依据，当评分过程更加熟练时，评分的预计时间会减少。

实际上，两个州际间合作的评价联盟正在开发《共同核心州立标准》的评价，这包括建构性应答任务和表现性任务，其用于终结性考试的估计成本是 23 到 29 美元。智能平衡评估联盟这个系统则包括形成性工具和中期评价，各州为每个学生预期花费约 27 美元。

最终，通过承诺支付相关学科每位教师两个专业发展日的开支，各州可以为评价打分。无论是纳入专业发展经费安排，还是通过津贴直接支付，教师参与评分不仅有助于使表现性评价能够负担得起，而且正如我们看到的，这对支持侧重高阶思维和表现性技能的教学至关重要。

一种成本效益观

正如我们之前所提到的，满足评价效度和信度要求的表现性任务所产生的成本是设计评价系统中一个需要考虑的因素。当然，考试本身的成本并不是做出在经济和教育方面均明智的决策的唯一重要信息。评价决策的机会成本和收益也是要考虑的重要方面。例如，已有研究证明了美国广泛应用的测试中重要的机会成本。其中有证据表明，高利害关系考试局限于以选择题形式评估的基本技能，降低了对支持迁移性学习策略的重视程度，如研究、调查、应用知识于多种情境、拓展型写作和观点的辩护，以及高阶思维技能的发展。[9]

此外，当前测试系统很少提供明晰的信息来帮助教师改进教学：考试仅提供单纯的分数而非学生作业的考查依据，后者能够根据特定能力的学习连续体给予详细的检查和分析。测试几乎不能呈现学生的思维、推理并暴露其误解，而且在辨识或猜测所提供的题目答案之外，几乎没有展示学生实际的表现。

与综合评价系统相关联的成本体现在金钱和时间上。因为用于当前测试及其准备的时间通常对学生获得迁移性知识和技能没有帮助，教师感觉时间在教学过程中流失，并没有反映、支持和强化教学。以分数形式呈现的数据要到学生夏季离校几个月后才能提供，因此，当前测试的机会成本相当高，在学生学习相关的重要拓展型知识方面，测试产出相对较少的收益。

从成本效益的角度来看，当前的测试方法因小失大。虽然测试可能看上去成本低，但是现在的测试项目总体上没有产出高学业成就国家所获得的深度学习的收益。相反，我们这一系列碎片化的、脱节的工作，无法测量最重要的学习目标，无助于教师理解自己的学生如何思考，以及怎样做能支持学生成功。

这些机会成本是使用表现性评价的潜在收益，也就是我们已提到的丰富的信息。虽然表现性任务的开发、使用和评分确实需要时间和专业知识，但几乎所有高学业成就国家的教育工作者和决策者都认为，表现性评价丰富的价值远远超过其成本。许多国家已扩大了表现性任务的应用范围，因为表现性任务使教师和学生深度参与学习，使得严格和高认知要求的教学成为寻常之事，而且决策者认为，这可能会提高学生的学业水平及其对大学和职业生涯的准备。

表现性评价的成本也会产生对教师能力的促进，激励教师参与更高要求的教学和更加严格的课堂作业设置、提供更多有关学生思考和表现的反馈，以及精心设计自己评价的模型，以上这些活动能促成更有效的教学和学习。

从这些方面看，表现性评价是教学改革的"特洛伊木马"。正如政策分析家麦克劳克林指出："用政策来改变实践极其困难……变革最终是一个最小单元的问题。"[10] 包括由教师评分的课程嵌入式任务的评价方法深入课堂以促进教师和学生的转变。通过参与这些评价的开发、使用和评分，教师可以在一段时间内形成高质量教学的共同理念。他们能内化被视为高质量的学生作业的依据。教师和管理者能够熟悉高质量评价的设计原则及其应如何为课程和教学提供信息。他们也能直接看到哪些教学方式会产生某种行为表现的特定特征。

为评价评分和专业发展进行资源投入，可以被视为一种更明智地使用专业发展资源的机会。红极一时的单次研讨班仍然是美国专业发展的主要内容形式，与已知的参与评价开发和评分所产生的影响相比，研讨班对实践中的知识和行动的影响较弱。[11] 一个连贯的评价系统能够将一部分专业发展资金转向更有意义的应用，紧紧地围绕学生学习，就如何组织教师学习来支持更有效的教学创建一种范式转变。

　　最后，教育工作者参与评价开发还可以促进评价设计者更加有效、可靠和公平的创建评价，因为设计者获得了有关评价使用背景的详细信息。

　　在追求节约的同时，将高质量评价的成本纳入考虑范围也很重要。在联盟中工作时，使用技术将成本效益方法结合到基于计算机的评分和教师评分中，会使这种系统的成本控制在每个学生 25 到 30 美元，而其他教学干预的成本会高得多。例如，对三所综合学校改革模型（对学业成就有略微影响）的研究发现，平均每个学生专业发展上的花费近 600 美元。[12] 在高度整合的教学系统背景中，使用表现性评价可以提供一种影响教学实践的更具成本效益的重要方法。

第七章 构建评价系统

如前所述，表现性评价能够也应该被用于一种考虑评价数据用户不同需求的评价系统中。这些用户包括学生、家长和教师，校长、督导和教育委员会，中高等教育官员，大学和职业技术项目中的管理者，雇主，州教育部职员、立法者和州长，商界，以及其他领域相关人员。

评价系统不会依赖于单一数据来源，相反，它创建了一个战略性的信息组合，提供一幅关于学生、学校和教育系统的更加完整的图景。它也为教学和学校规划提供了更多具备可操作性的信息，并鼓励为学生作为独立的行动者取得成功提供所需的教学模式，以支持高质量的学习机会。

无论是否具有开创性，不能指望一项测试能够控制所有或哪怕是大多数的对大学和职业准备及人生的成功来说至关重要的影响因素。更重要的是，许多变量需要在低利害关系背景中测量，向学生提供自己在追求目标过程中所处位置的反馈，而不是出于划分等级或保留某种权益的目的，如某个特定项目、课程或文凭的机会。

例如，许多重要的共同核心标准，由于其本身的性质，不能通过联盟评价来直接测量，因此需要通过以下形式和方法来完成。

- 使用多种形式的论据进行拓展型研究；
- 以口头、图表和写作形式来交流观点；
- 以多媒体形式呈现数据和观点；
- 与他人合作来定义或解决一个问题；
- 规划、评价和改进问题解决策略；
- 使用数学工具和科学、技术和工程背景中的模型。

不难看出，许多标准对大学和职业准备至关重要。同样显而易见的是，这些标准要求更广泛的评价技术，其中许多标准在课堂环境中效果最佳。例如，规划、评价和改进问题解决策略的标准建议采用多步骤流程，在流程中的多个点生成论据。对真实背景中的复杂问题，设计和使用数学模型是在自然和社会科学及工程学等其他学科领域中最自然产生的一个任务。

这些评价中产生的丰富的教学经验和成果应该用于为教学改进和学生进步提供信息，而不仅仅是得出在校外决定、以两位数字返回、几乎不显示学生实际学业完成情况的分数。虽然这些成果可以而且应该为总结性判断提供信息，但是它们也要服务于形成性目的，这包括帮助教师理解学生的思考和表现，并帮助学生理解自己如何能继续修正和改进他们的作业。与单一、稳妥的考试所能提供的信息相比，评价系统可以允许多种要素用于不同目的，从而创建出更具透明性和实用性的评价结果。

评价系统由何构成

评价系统旨在有策略地为不同受众提供独特的信息，这其中包括学生、家长、教师、管理人员，以及课堂、学校、地区和州层面的决策者。评价系统可以包括大规模评价，其为决策者（有时基于取样进行，而不是针对每个学生）提供信息；它也包括更加丰富的学生测评或课堂评价，其提供更详尽的信息，指导教师开发课程和进行教学，并指导学生修改作业和设定学习目标。

大学和雇主既能受益于总结性数据（如平均学分绩点或考试分数），也在一定情况下，受益于更复杂和真实的学生作业样例，如作文或其他写作样例、学生设计或制作的作品，以及展示其思考的陈述报告。

在对新的评价框架的描述中，新罕布什尔州教育部指出：

> 综合评价系统一般被定义为多级评价，旨在为不同用户提供信息，满足不同的需求。最重要的是，从课堂和学校评价中收集到的信息应该为产生于州一级的问责信息提供补充，且州一级的评价应该为评估地方教育项目和教学实践提供有用的信息。此外，大规模评价应该显示与标准的意图一致的那种学习期望和我们想在课堂中看到的那种学习表现。[1]

新罕布什尔州实施的方法的一个关键点是，大规模评价应该彰显重要的学习目标，并与课堂中所要求的教学模式相一致，而且应该与地方评价体系通力合作以满足信息需求。

州系统的案例

目前大多数州的测试系统缺乏这种一致性和协同作用，没能测量深度学习能力。然而，许多州在 20 世纪 90 年代就开发了周密的评价系统。这些基于标准的课程与评价系统包括多个学科领域的大规模定制测试，通常每个学段开展一次（3～5 年级，6～8 年级，9～12 年级），还有基于课堂的评价，这涉及学生完成表现性任务的情况，如科学调查、研究、写作或艺术项目，也包括在一段时间内收集起来的、说明特定能力的学生作业档案袋。

这种定制测试通常由选择题和简短的建构性应答题组成，并用长篇幅的论文来评估写作。这些分数为州和地方决策者提供了关于学生在关键领域整体表现的信息。包括康涅狄格州、缅因州、马里兰州、纽约州和佛蒙特州在内的一些州，让学生参与时间跨度较长的课堂表现性任务（从一节课到几节课），任务由州一级设计、由地方管理和评分，用评分协调程序确保一致性。利用矩阵取样的方式，马里兰州在所有学科领域组织了一套高标准的任务，这意味着不同学生群体完成不同的任务，且一个地区或全州的结果可以集合起来，从而对选自所有任务的学习内容做出更全面的报告。

明尼苏达州、俄勒冈州、威斯康星州和怀俄明州引入了更具个性的学生学习档案袋，让学生可以通过地方开发的表现性评价展现特定的能力。明尼苏达州的学习档案袋对州基本能力测试没有考查的 10 个领域的毕业准备设定了期望。例如，在社会学科中，探究标准可以通过问题分析来解决，要求学生通过收集问题的相关信息、评估观点、寻找一致和差异、分析所给解决方案的可行性和适用性、比较替代方案及其预计结果，研究问题并评估提出的观点或解决方法。俄勒冈州的初级和高级水平证书含有类似的任务，学生完成相应任务来证明自己在多个领域的能力，而这些测评结果随后被记录到毕业文凭中。学生能够凭借这些能力证明自己已达到俄勒冈州公立大学入学能力要求。

罗得岛州和纽约州等州的毕业档案袋已将这一理念向前推进了一步。罗得岛州的所有地区开发了毕业档案袋来说明系列深度学习技能的完成情况。如前所述，纽约州表现性标准联盟（Performance Standards Consortium）的学校得到了州批准的免选证书，允许其学生以完成一个毕业档案袋来取代大多数的州大学评议会考试。这个档案袋包括一系列高标准的表现性任务——科学调查、数学模型、文学分析和历史/社会科学研究论文，有时会增加其他任务，如艺术展、社区服务或见习经历。这些符合共同标准的要求，并依据共同的评分准则进行评价。新罕布什尔州推出了一种为毕业生打造的技术档案袋，让学生收集证据资料，证明他们达到此领域标准的程度。

虽然《不让一个孩子掉队》法案导致以上许多要素在问责报告中处于边缘化，但在其他一些国家一直存在一致的评价系统。例如，英国、新加坡和澳大利亚的考试系统具有一些共同特征，而这些特征可以在国际学士学位项目中找到。学生通常基于自身的兴趣和优势选择要学习的科目或课程，并参加考试来证明自己的能力或资格。职业类科目和传统的学术科目中也提供这些资格考试。部分考试分数是基于外部开发的"就座"考试，以开放式的论文和问题为主；剩下的项目占总分数的25%到60%不等，基于课堂上为满足课程大纲要求而开展的具体任务。（见第三章）

这些课堂评价通常由考试委员会创建，由当地教师根据协调程序中的共同准则评分，以确保评分的一致性。它们涉及类似档案袋的作业集，如英国中学普通证书所包括的英语考试的任务要求，以及补充"就座"考试等单一大型项目，如新加坡高中科学考试中要求的科学调查。

澳大利亚昆士兰州提供了一个有用的例证来说明系统的各要素如何组合在一起（见表7.1）。在昆士兰州，国家级考试在3、5、7和9年级进行，州府在12年级提供一次参照型考试。大多数评价在地方管理的全州共同的表现性任务中进行。此外，学校层面开发了一个丰富的地方表现性评价系统，并接受州专家小组的质量控制和评分协调。基于本州的内容标准即核心学习内容（包括每门学科的单元模板和评价指南），《昆士兰州课程、评价与汇报框架》根据州内容标准帮助维持学校间的一致性，而这一标准包括每一科目的单元模板和评价指南。评价包括拓展型研究项目、分析和跨领域的问题解决。

表 7.1　昆士兰州的评价系统

项目	中学前水平	高中水平（11～12 年级）
课程指南	核心学习：适用范围和顺序指南，单元样板，可评价的要素和质量描述符号（准则）	概述每门学科内容和评价的大纲
外部测试	3、5 和 7 年级全国识字和算术考试；集中评分	昆士兰州 12 年级核心技能考试
地方管理的表现性任务	昆士兰州可比性评价任务：4、6 和 9 年级共同的表现性任务；本地评分	大纲中概述的课程评价；地方评分和外部协调
地方开发的评价	地方表现性评价系统：地方评分和外部协调	毕业档案袋：地方评分和外部协调

　　系统中所要求的这些表现性任务反映了学生被期待在一段时间内要达到的学习进展。任务的目的也在于培养学生自主学习的能力，并且随着学生有机会反复参与复杂任务，教师学会将这种作业纳入课程中，这种学习会变得更加丰富精准和富有挑战性。例如，在展示 7.1 中，我们展示了 7 年级科学中使用的共同任务和对学生的高中水平要求。这些任务展示了学生的学习进度，从能够进行一个为他们量身设计的调查，到能够进行他们自己提出和设计的更为复杂的调查。

展示 7.1　昆士兰州 7 年级和高中水平科学评价

7 年级科学中的可比性评价任务

　　1～2 天内 90 分钟。基于一些背景信息，学生需要在两种环境中分析和构建食物网。通过多种辅助工具，学生阐述其对食物链和环境破坏对人口的影响的理解。

11～12 年级高中水平的拓展型实验调查

　　在 4 周及以上时间内，学生需要开发和进行一个拓展型实验调查，论证一个假设或回答一个实际的研究问题。实验可以在实验室或实地进行。调查的成果是一份 1,500 到 2,000 字的书面科学报告。学生需要完成以下相关工作：

- 制订一份有计划的行动方案

- 清楚地阐明研究问题，并提供一份调查目的陈述

- 提供实验描述

- 展示学生设计的证据

- 提供所收集和选择的原始和二手数据的资料

- 进行实验

- 分析数据

- 讨论实验结果

- 评估和证明结论

资料来源：Conley D T，Darling-Hammond L（2013）. Creating systems of assessment for deeper learning. Stanford，CA：Stanford Center for Opportunity Policy in Education.

教师的角色

评价系统的另一重要方面作用是支持一种综合的教学系统。通过让教师参与常规性评价的开发、评分和报告，从而使他们能够从结果中学习，这种系统将评价与课程、教学和教师专业发展联系起来。在昆士兰州的案例中，学校中的教师群体参照国家课程指南和州教学大纲（同样由教师开发）进行评价的开发、管理和评分工作。在高中一级，学生作业被收集到一个档案袋中，作为大学准备的主要测评考量。档案袋评分由外校教师和高等教育系统的教授组成的专家组协调完成。全州性的考试充当一种外部的效度检查，而不是对学生个体的问责测评。

这种类型评价可以用作一种可靠且有效的测量，因为随着时间的推移，教育工作者们会就试卷和任务中的合格表现达成一致的观点。在荷兰和新加坡等国家，这些基于共同的学生任务表现的心智模型塑造了教师的判断。这些模型在教师教育的最初阶段形成，并在高质量的课内评价和评分实践中得到强化，其中评分实践是建立在与标

准紧密匹配的评分指南基础上的。

在这样的系统中，培训、协调评分和审核的结合使表现性评价以高水平的可靠性进行评分，同时提供了一种评价高阶技能的有效方法。在那些已为课堂层面的评价投入资源，并给课堂表现的评估员投资的学校系统中，教师掌握了高深的专业知识，并转化为共享的判断和共同的心智模型，即什么是复杂学习形式可接受的学习表现。

此外，当教师在开发和评估高质量的表现性评价方面更有经验时，他们能够更好地设计和传递高质量的学习经验，因为他们能深刻理解什么类型的任务会激发引人思考的作业，学生完成这种任务时如何思考，以及高质量的标准是什么。教师和学生均深刻认识到，学生如何在特定的内容领域中学习，以及如何作为一个团队来促进学习进步。

表现性评价对重要的任务和要求做出示范，其将评价嵌入课程，并促进教师解读和回应学生的学习方式，因此，使用表现性评价通常会改进教学。当学生能够集中精力完成这些评价任务、修改任务以达到标准，并向家长、同辈、教师及未来的教授和雇主展示自己的学习成果时，其学习能力就会得到加强。当多种测试得到的分数被收集、报告和分析时，决策者就能够掌握总体趋势。

如何使评价对学生发挥作用

评价是可以产生教育意义的。虽然多数人原则上认同这一观点，但在实践中，我们倾向于将教学和测试进行区分。与学生和教师在成绩或测试分数中表达的其他期望相比，学生可以从评价中学到很多东西，其学习能力也会超出其原来水平。

引导学习的评价

高质量评价的一个重要但常常被忽视的目的是帮助学生学会改进自己的作业和学习策略。尤其是在这个掌握学习技能变得日益重要的时代，评价有助于学生内化标准，更好地反思和评估自己完成作业的能力，并进一步修正和改进作业，同时寻求其他资源（人力和其他）等来解决新出现的问题，这些都至关重要。

当评价明确地与体现在作业评分准则中的标准相关联，评价的标准清晰地呈现给正在进行作业任务的学生，以及当学生被给予使用这些工具进行自我评价或同伴互评的机会时，评价能够服务于以上目的。另外，当评价要求学生以向他人陈述的方式展示其作业时，学生能拓展以上能力。陈述时，学生必须既解释其观点或解决方案，又要回答值得深入探究的问题，然后修改作业来解决这些深层问题。

通过使用准则和公开陈述，学生能够收到准确、概括性的反馈。他们最终会更加明确下次如何从不同的角度入手，这比学生从标准化测试的题目分析中推导出的知识或从教师在卷子上的"不错"或者"好主意"等笼统评语中的收获有用得多。当学生收到来自各方面的多种反馈时，他们超越了仅仅是答对或答错的具体问题，开启了多维度分析优势和劣势的模式。这种更加全面、综合的知识和能力意识，赋予学习者自主权，增强学习者的自我意识和自我效能感。

这种评价方法认为，学生是其生成信息的主要消费者，在设计这种评价方法的过程中，明确发展学生的元认知能力，给予学生反思和修改以达到标准的机会。另外，通过深化教师对高质量作业构成及教师个人和集体如何支持高质量作业的理解，评价过程也会支持学生的学习。

建构学生档案袋的评价

通过概述学生已经取得的成绩，指出学生可以引以为豪和进一步发展的优势（着眼于大学和职业追求），以及学生需要进一步完善发展的领域，评价也可以支持学生学习。

可以将多种来源的信息组合到学生档案袋中，这会提供更多的数据，如教师对学生的观察和评定、学生的自陈报告及其他测评，如见习和公共服务的经历等。档案袋不同于成绩单，因为档案袋包含了更广泛的信息，而且可以尽可能多地呈现与学生志愿和兴趣有关的信息。换句话说，希望从事健康职业的学生会在档案袋中准备这样的佐证资料：为进入这一学习领域和从事这一相关职业，他们对所需的知识和技能的准备情况。了解学生的兴趣和志愿能提供一个视角，可以更准确地解释档案袋中的数据，并做出准备决定。当然，档案袋也可以包含与两年制和四年制大学中各种通识教育课程有关的准备信息。

档案袋方法很重要，是因为学生当前的表现只能达到他们的志愿所要求的最低程度，而使学生参与更高挑战性的学习任务需要学生有动力或理由这样做。与兴趣和志愿相关的档案袋有助于向学生表明，为什么努力取得学术成就很重要，以及如何有效地专注于追求自己的目标。档案袋管理比当前的一些主要凭借成绩或入学考试分数的招生流程更进一步。筛选更严格的学校已审查了档案袋中更广泛的数据，其录取过程力求更多地了解学生兴趣和志愿及其与入学准备的匹配程度，这个过程常常被称作档案袋评审。为什么只有最高学业成就的学生应该被鼓励去制定和追求目标，这一点并不清楚，特别是在所有学生被要求提高他们的期望，并更深入地参与对认知具有挑战性的学习的情况下。

以档案袋这种方式收集和报告信息，与基于研究的大学和职业准备模型相一致，可以全面了解学生高等教育成功所需的知识、技能和个性倾向。档案袋使学生明确追求高等教育的目标所要达到的准备程度，也向教师和学校明确了学生需要准备应对的多个领域。虽然这些信息或许对一些高利害关系的问责目的用处不大，但对那些寻求为未来做准备的学生绝对必要。

一个档案袋取样（仅用于说明）可以包含以下类型的测评：

• 《共同核心州立标准》联盟考试

• 平均学分绩点（按主题累积和分类）

• 入学考试（如 SAT，ACT）或共同核心序列、入学匹配考试（如 Aspire，Pathways）

• 课堂管理的表现性任务（如研究论文）

• 联盟要求之外的口头陈述，以及给予评分的讨论

• 教师对学生做笔记、遵循指令和坚持挑战性任务的能力及其他学习能力和自主学习证据的评定

• 学生对完成一项活动所付出努力的自陈报告和学生对实现个人目标所采取的行动的自陈报告

• 学生对大学或职业志愿和目标的自陈报告

• 学生高等教育计划

此列表包括标准化测试和具有挑战性的表现性评价，以及规划、目标和行动的自陈报告。虽然这些测量不具有可比性，也不能合并到单一的分数中，但是之所以有用，恰恰是因为它们能够深入了解学生能力和学习目标的不同方面。

无论选择哪些精确的测量，档案袋法都将为学生提供更明确的指导，帮助他们了解在大学和职业准备方面的具体目标。随后学生采取相应的行动，使之与自己的目标保持一致。通过关注和重视自己志愿的行为和技能，学生的自主学习得到加强。高等教育机构可以获得更多可操作的信息，并用于提高学生的学习成绩，同时州一级机构和其他利益攸关者能够更真实地了解学校为学生的大学和职业所做准备的情况。

为有效的决策提供信息的评价

无论何时做出有关学生个人的决定所使用的信息必须有效，并能够支持学生能做什么和从中获得什么益处的推断。基于考试分数线的结果进行决策的趋势是报告某些类型数据（例如，有多少学生达到特定的表现水平）的一种便利方法，但这对制定有关学生的重大决策来说是不适当的。《教育和心理测试标准》表明，使用单一评价的分数线来做一个高利害关系的决策，违背了良好的考试设计原则和适当的分数使用规则。[2]

个人层面上的利害关系越高，要解读一个学生知识和能力所需的信息就越多。例如，如果分数将要用于对毕业、补习、分班、入学或助学金发放等做出决策，那就需要多组考试分数。与未来准备和成功相关的知识和能力的其他信息源，使得对个人基于证据的解释更加准确。这些包括课堂表现证据在内的数据，对降低做出不正确决策的概率非常重要。

评价系统能够为多种目的提供所需的有效、可靠的信息，包括重要的教育决策。事实上，美国大多数四年制大学的录取已经将多个数据来源考虑在内，其将平均学分绩点与学生课业选择、课外经历、考试分数、论文及某些面试等信息相结合。当学生处于边缘状况时，大学还会在做出决策之前查看学生申请书或作业档案等其他信息。

各州如何开发评价系统

评价系统为更广范围的测量工具和方法开启了大门。当前各州在限制其评价选择，因为几乎所有的评价被从高利害关系问责目的和与这些考试相关的技术要求的角度来审视。就目前情况而言，这是合乎情理的，但当前的评价不足以改善学生大学和职业方面的准备程度，因为与高利害关系考试测量的内容相比，准备取决于更多方面。评价系统生成更广泛的可行性信息，学生及其教师可以利用这些信息发展高等教育成功所需的广泛知识和技能。

当各州寻求开发这种系统时，它们应该思考如何满足各利益攸关者对有用信息的需求，从学生本人开始，随之是支持学生学习的教师和家人，再扩展到需要知道如何投资于学校、地区和州层面教学改进的决策者。另外，雇主和高等教育机构需要理解，在高中毕业后进入大学或职场时，学生应该知道什么和能做什么。极其重要的是，这种信息对以上目的富有意义，而不是一个远程代理，并且这种信息会促进真正支持学生将所学知识迁移到新情境的深度学习的教学。

当寻求开发新的评价系统时，各州应该：

· 定义大学和职业准备

· 评估现有系统和预期系统之间的差距

· 确定州和地方评价的政策目标

· 考虑一种满足不同目的的评价连续体

· 确定评价需要为不同用户生成的信息，包括决策者（州和地方）、学生和家长、教师、高等教育机构和雇主

· 开发能够提供一份学生能力和成就概况的评价

· 将这些评价与课程、教学和专业发展整合到一个有成效的教学系统中

· 创建一个问责系统，鼓励实现大学和职业准备目标所需的学习和实践

新罕布什尔州当前正在进行的计划是州一级负责开发这一系统的成熟方法的案例（见展示 7.2）。

展示 7.2　在新罕布什尔州设计一种评价系统

为确保学生为大学和职业做好准备，新罕布什尔州已开始创建一个与课程、教学和专业发展紧密联系的评价系统。除了英语语言艺术和数学的智能平衡评估，该系统还将包括一系列在核心学术学科中有较高技术含量的共同的表现性任务，地方设计的以指南确保质量的评价，确保合理的问责系统和评分员间信度的地区评分环节和地区同行评审审核，地方性的共同的表现性任务网络库，一个支持学校实践者的"评价专家"网络。

新罕布什尔州的观点是，一个完善、充实的传统考试的表现性评价系统可以增强传统测试，会推动教学的改进，因为它们"提倡使用真实的基于探究的教学、复杂思维，以及学习的应用……（而且）激励那种支持学生学习丰富知识和技能的教学与评价"。系统也将提供一种策略方法，围绕评价的设计、实施和评分来组织专业发展，增强全州教育工作者的能力，示范良好的教学，并提供有关教学和学习的见解。

收集来自地方评价系统的评价信息，包括地方开发的共同表现性任务，有望提供用于学校、教育工作者和学校问责系统的大部分信息。同时，大规模评价系统将提供相关信息，支持学校问责决策或补充教育工作者问责决策。为实现这一目标，在 3 年时间里（从 2013 年到 2015 年），新罕布什尔州将进行以下举措：

· 开展大学和职业准备所需素养教学，体现核心学科如英语语言艺术、数学、科学、社会和艺术的高阶思维和表现性技能。

· 使用这些素养指导每个学段（K-5，6～8，9～12）内每一内容领域的共同的全州表现性任务的开发，并附带指南、工具、准则、"学生作业锚"（student work anchors）和数据报告。每一项任务都将被建构为一种复杂的、多阶段的、嵌入课程的作业，测量学生学习的深度和应用情况。

· 开发一个程序、多种工具和原型，支持地区及学校开发和验证高质量的地方表现性任务，并指导教师使用以加强课程教学。

· 将共同的、地方开发的任务集合到一个经过验证的表现性任务网络库中，用于形成性和终结性评价。

> ・为多批学校组织专业发展协会，聚焦任务的设计、验证及可靠的评分和数据分析，跟踪学生学习进度，从而为教学提供信息。
>
> ・创建由实践者兼评价专家引领的地区支持网络，帮助增强学校教师的教学能力，支持地区级任务验证和校准评分环节，目标是地方已评分的任务达到80%或以上的评分员间信度。
>
> ・通过地区同行评审审核，保证技术质量和一致性。其中，地区将向由外部实践者组成的同行评审小组提交其表现性评价系统的证据，评审小组将基于共同的标准评审证据，包括地区是否已经开发了表现性评价系统。
>
> 作为问责系统的一个关键部分，这些审核将考察地区如何管理共同的地方任务和质量保障过程、如何增强教育工作者的能力，以及怎样设计支持州表现性评价系统的政策和实践（如基于表现的毕业要求）。

新罕布什尔州和其他州致力于开发更有用和更大信息量的评价，它们正在努力整合评价和教学。当更多的开放性任务提供了有关学生如何思考和表现的大量信息时，它们对形成性目的更有用，尽管它们同样能够也应该为终结性判断提供信息。在新的评价系统中，我们应该能够从过分强调完全依靠外部的终结性测试，转向强调塑造学习和为学习提供信息的评价。（见图 7.1）

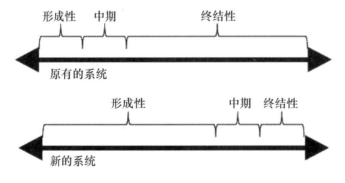

图7.1   各阶段评价目标的比重

资料来源：Paul Leather，personal communication，September 3，2013.

如何开发问责系统

在各州开发新的评价系统时，开发新的问责系统同样重要。开发问责系统时，将新评价的有效使用包含在内也很重要，同时也要认识到，对学生表现的评价为问责系统提供信息，但评价不是系统本身。

只有当有用的流程的存在是为了使用信息来改进学校和教师为学生做事情时，真正的问责才能够发生。[3]单凭评价和结果标准不能确保学校知道如何做出帮助学生更有效的学习的改变。事实上，如果设计不当，标准有可能会破坏问责。

当学校、地区和州的政策和实践既致力于提供优质教育，又纠正问题时，教育问责才会实现。当评价数据能够达到就学生个体如何做和学校如何服务学生方面提供有效和及时的信息这一程度时，评价数据才是有用的，但是这些数据仅仅是整个过程的一小部分。问责系统是集承诺、政策和实践于一体的一套体系，其旨在：

1. 提高学校为学生的利益而进行积极实践的可能性；

2. 减少学校进行无益探索的可能性；

3. 鼓励持续地评价学校和教育工作者，识别、诊断和改变有害或无效的行动方案。

因此，除了依赖多种数据的结果标准之外，问责还必须包括专业的实践标准，即学校、学校系统或州如何确保通过聘用、专业发展、评价过程及课程开发、评价学生和进行持续改进的过程，将当前最好的知识用于设计学校和培养学生。这些问责的核心构成要素展现了教育机构优质的服务学生的能力。

即使有更具挑战性和真实性的学生表现性测评出台，创建负责任的学校和学校系统也需要鼓励公平获得适当学习机会的方法，以便所有学生能够达到这些学习目标。全面的问责观必须考虑到州和地区在支持地方学校努力达到标准方面的适当作用，这其中包括对资源的问责。

问责工具必须设法解决实现良好教育的障碍问题，其不仅存在于学校和课堂，也存在于地区、州和国家层面。虽然学校本身可以被视为教育改革的变革单位，但是学习机会不平源自校外的政府单位，后者能够推进资金方案、资源配置和其他教育政策。总之，如果要为学生提供优质的服务，问责必须是相互的。也就是说，联邦、州和地方教育机构必须自身达到一定的服务标准，同时学校的教育工作者和学生也需要达到一定的实践和学习标准。

最后，有意义的学习问责应该基于以下几个方面。

·**高质量的评价**。能促进和反映深度学习，以及学生为大学和职业中的成功所做准备的真实证据。

·**信息档案袋**。为学生、教师、学校和地区超越单一的分数线，提供更丰富的数据，提供学业成就指标和持续进步的指标。

·**多项测量**。补充和促进对课堂、学校、学校系统和各州学习质量的全面了解。这些测量应该用于周密的判断系统中，为每个水平的决策提供信息。就像企业使用测量仪表盘来全面了解业绩，我们需要允许并使问责系统能够为所有关键决策（学生编班、升学、毕业；教师评估、长期聘用、解雇；学校认可、干预）创建指标仪表盘。

在全面的问责系统背景下，评价系统应该努力认识和承认，教育是一个复杂的过程；实现学生、教师和学校的相关目标，需要从与随后成功相关的真正的知识和技能的直接测量中提取指标。最重要的是，评价系统中所有要素的改进应该是可行的且处于教育工作者的控制之中。教育工作者越能直接应对问责测量和学生相关行为影响的变化，越有可能实现评价系统的改进。

第八章 结 语

在大多数高学业成就国家和美国的一些州，表现性评价已成为其教育系统的必要组成部分。有证据表明，评价的性质和形式会影响学生的知识深度和能力类型，而且表现性评价更适合于评价高水平的复杂思维技能，也更有可能激励这些能力的获得。此外，有证据显示，教师参与表现性评价可以加强课程教学，并支持更具诊断性的教学实践。

我们的回顾表明，美国大规模测试通过以下措施能够得到改善：周密地结合结构完善的表现性评价，其代表对认知要求严格的高水平表现性标准；为教师提供更清晰的重要的学生行为表现的反馈；减少课堂教学中模拟选择题教学的压力。

如何进行表现性任务的开发、管理和评分，从而提供有效、可靠和公平地反映学生知识和技能的证据，以便教师有效地参与而不致产生过重负担，对这些情况我们已经有了很多了解。新的评价系统将会受益于整合这些实践和新技术的应用，通过分配和管理评价使新的模拟和任务成为可能，并策略性地支持机器评分和人工评分以降低成本和提高效益。

无论以何种形式进行测试，问责性测试都会产生相应的成本和收益。我们习惯于当前高利害关系、选择题为主的模型，这并不意味着此模型没有成本或者效益很高。将表现性评价纳入考试系统中意味着进行一些取舍，如果我们能更充分地理解这些取舍，我们也更有可能做出明智的决策。

一般而言，增加表现性评价会提高评价的总体成本。但是，如果各州以联盟形式联合起来理智地使用技术，以有效的方式创建任务和进行评分，并让教师参与评分，成本就可以大幅降低（可以达到与当前考试支出相当的水平）。如果将教师的参与理解为教师持续专业发展的一部分，成本甚至能进一步降低，教学的收益也能进一步提高。

已有研究证实，使用由教师设计和合作评估的、基于共同标准的表现性评价，可以获得很多收益，具体包括以下几个方面。

·和传统的评价相比，它提供给教师更多直接和有效的学习进展方面的信息，尤其是体现《共同核心州立标准》特征的深度学习技能。

·使教师能够参与以实证为基础的工作，更清晰地分析和反思学生作业，为自己的教学决策提供信息。

·产出相关信息，以提高教师对学生、标准、课程和教学的认知，尤其当评分和与其他教师一起听取汇报并讨论后续步骤结合在一起时。

此外，与其他教育支出相比，甚至可以想象得出的表现性内容最多的评价系统的成本都不值一提。没有使用高质量的考试时，支出常常会由于表现欠佳的学习结果而增加。即使各州为每个学生的评价花费 50 美元（这是我们对平衡系统成本估算的 2 倍），这依然是低于平均教育支出的 0.5%。考虑到评价对改变实践和引导学习的影响力及当前方法的机会成本，这一投资相对于其潜在的收益来说，是微不足道的。

虽然标准和评价为教师和学生提供了对优秀典型的解释和实现机会，但是这种意识是不够的。适当的支持还需要被提供来增强所有教师和学生达到更具挑战性的全新标准的能力。此外，还需要给予教师和学生特别的关注和资源，尤其是为那些长期以来接受教育不足的群体提供适当的学习机会，使之能为达到较高水平的成功做充分的准备。

这种能力建设是真正负责任的评价系统的核心要求。注重以一种有成效的问责方法追求评价系统的州，应该考虑下列步骤。

1. 全面定义大学和职业准备，指出测量此定义的所有构成要素和支持学生达到目标所涉及的内容。

·调整其他政策领域、项目要求和资助，从而使州层面获得一个有聚焦和共同发展方向的实践系统。

·根据定义，确认决定学生是否为大学和职业做好准备所需的信息。确保纳入学生和教师可以采取行动来提高准备的来源，因为这些来源可以提供当前成就和重点改进内容的丰富信息。

·确定大学和职业准备的定义和学校问责需求之间的关系。换句话说，定义哪些方面最适合学校负责解决，哪些很重要但未必适合纳入问责系统中。

2. 确定学校和教育工作者所需的专业学习、课程和资源支持，以便为学生提供高质量、个性化并能为大学和职业做准备的教育。

· 思考要获得学习测量结果需要哪些学习机会和教育测量方法。

· 制订计划，推动学校资助体系、课程框架和专业发展支持方面可能需要的改革（在这些方面启动工作），传达州在认真承担问责方面的责任。

· 开发、宣传和实施全面的标准、课程框架、学习进展、教学工具和模块、学生作业样例，以及其他与大学和职业准备目标相一致的旨在提升深度学习结果的课堂实践的资料。

· 开发教师教育与发展的标准和项目，使教育工作者能够学习这些实践。

· 支持学校开发相关方法，以帮助学生增强深度学习技能，为所有学生提供学习新内容的机会，也为所有教师按新标准进行教学提供可能。思考如何将时间和技术使用上的变革纳入这些新方法。

3. 为全面的评价系统建立一个清晰的框架，使之与大学和职业准备结果相匹配。

· 包括表现性评价在内的评价能够满足提供信息和问责需求的多种测量方式，并将测量适当地整合到课程开发和专业学习机会中。

· 确保教师拥有设计、测评和讨论各种学生学习评价的机会。

· 思考如何进行多维度综合测量，换句话说，如何将多个来源的信息结合在一起，对表现的特定方面做出更准确或完整的判断。例如，许多重要的元认知学习技能最适合既作为过程也作为成果进行测量。

· 创建一个多重测量系统，用于对学生、教育工作者或者学校做出决策的评价。在提议使用或已使用分数线的地方，识别可以被考虑用于多重测量系统中的补充性数据。开发信息档案袋，评价和传达对学生和学校的认识。

4. 开发这些新系统时，与高等教育和职场代表合作，确保测量的可接受度及其如何用于确定和促进大学和职业准备情况。

· 提前决定评价系统的数据如何被高等教育机构和雇主使用，制定保障措施以避免滥用数据，尤其是分数线。

· 与高等教育利益攸关方一起定义，如何最好地传达和使用针对学生学习的多个测量结果（例如，数字档案袋，依据作业取样的分类给予补充性总结数据），以及哪种学生信息档案袋会最有用和最合适。

5. 开发系统学习的途径，支持系统所有层面的持续改进。

·让教育工作者参与到评价的开发和评分的过程中，以便教师深入学习标准并有机会分享实践。

·记录最佳的实践方法，通过在线平台分享学习和推广范例来传播知识，这其中包括学校组织的学习参观和聚焦于分享和发展实践的会议，从而形成学生、教育工作者和学校工作之间的反馈环，以及学校和广播电视网内部相互之间的合作机会。

已有的研究和经验清楚地表明，能够实现我们当前深度学习目标的教育系统，必须将信守和体现这些目标的评价包含在内。持续使用高质量的标准和表现性评价，已经对教学发挥出促进作用。而且随着教师在教学方面越来越专业，学生的进步有望跟进。评价不但可以提升整体的教学能力，而且能够聚焦于核心目标：为所有相关人员提供学习支持。以这样的方式，将恰当的新评价系统与适当的资源、学习机会和有效的问责前景相联系，为学生有能力应对 21 世纪大学和职业的挑战提供一个关键性支持因素。

注 释

第一章 超越标准化考试

[1][2014 - 02 - 14]. http://www.corestandards.org.

[2]Lyman P, Varian H R(2003). How much information. School of Information Management and Systems, University of California, Berkeley. [2014 - 02 - 15]. http://www. sims. berkeley. edu/how-much-info-2003/.

[3]McCain T, Jukes I(2001). Windows on the future: Education in the age of technology. Thousand Oaks, CA: Corwin Press.

[4]Ng P T(2008). Educational reform in Singapore: From quantity to quality. Education Research on Policy and Practice,7, 5 - 15.

[5]Silva E. (2008). Measuring the skills of the 21st century. Washington, DC: Education Sector, p.5.

[6]These states included Connecticut, Kentucky, Maine, Maryland, Nebraska, New Hampshire, New Jersey, New York, Oregon, Vermont, Rhode Island, Washington, Wisconsin, and Wyoming, among others.

[7]Darling-Hammond L, Rustique-Forrester E(2005). The consequences of student testing for teaching and teacher quality. In Herman J, Haertel E. (Eds.) The uses and misuses of data in accountability testing (pp.289 - 319). Malden, MA: Blackwell.

[8]Newmann F M, Marks H M, Gamoran A. (1995). Authentic pedagogy: Standards that boost performance. American Journal of Education, 104(4), 280 - 312; Lee V E, Smith J B, & Croninger, R.G. (1995,Fall). Another look at high school restructuring: More evidence that it improves student achieve-

ment and more insight into why.In *Issues in Restructuring Schools* (Issue Report No.9, pp.1 - 9).Madison：Center on the Organization and Restructuring of Schools，University of Wisconsin.

[9]No Child Left Behind Act of 2001 (sec.1111 B2c(1)).[2014 - 03 - 01]. http:// www2ed.gov/ policy/elsec/leg/esear02/pg2.html.

[10]US General Accountability Office. (2009).No Child Left Behind Act：Enhancements in the Department of Education's review process could improve state academic assessments(Report GAO - 09 - 911).Washington, DC：US Government Accountability Office，p.20.

[11]Yuan K,Le V. (2012).Estimating the percentage of students who were tested on cognitively demanding items through the state achievement tests.Santa Monica，CA：RAND.

[12]Webb N L. (2002).Depth-of-knowledge levels for four content areas.[2014 - 03 - 01]. http:// facstaff.wcer.wisc.edu/normw/All%20content%20areas%20%20DOK%20levels%2032802.doc.

[13]Polikoff M S，Porter A C，Smithson J. (2011). How well aligned are state assessments of student achievement with state content standards? American Educational Research Journal，48(4)，965 -995.

[14]Shepard，L A. (1996).Measuring achievement：What does it mean to test for robust understandings? (William H. Angoff Memorial Lecture Series)：Princeton，NJ：Educational Testing Services.

[15]Shepard L A. (2008).Commentary on the National Mathematics Advisory Panel recommendations on assessment.Educational Researcher，37(9)，602 - 609.

[16]Stecher B. (2010).Performance assessment in an era of standards-based educational accountability.Stanford，CA：Stanford University，Stanford Center for Opportunity Policy in Education.

[17]Madaus G F,West M M, Harmon M C,Lomax R G,Viator K A. (1992).The influence of testing on teaching math and science in grades 4 - 12(SPA8954759).Chestnut Hill，MA：Boston College，Center for the Study of Testing，Evaluation，and Educational Policy.

[18]Jones B D,Egley R J. (2004).Voices from the frontlines：Teachers' perceptions of high-stakes testing.Education Policy Analysis Archives，12(39).[2014 - 03 - 01]. http://epaa.asu.edu/epaa/ v12n39/;Pedulla J J,Abrams L M,Madaus G F,Russell M K,Ramos M A,Miao J. (2003).Perceived effects of state-mandated testing programs on teaching and learning：Findings from a national survey of teachers.Boston，MA：Boston College，National Board on Testing and Public Policy；Woody E,Buttles M,Kafka J,Park S,Russell J. (2004).Voices from the field：Educators respond to accountability.Berkeley：Policy Analysis for California Education，University of California，Berkeley.

[19]Achieve. (2004).Do graduation tests measure up? A closer look at state high school exit exams：

Executive summary.Washington，DC：Author.

[20]Snow C.（2002）.Reading for understanding：Toward an R&D program in reading.Santa Monica，CA：Science and Technology Policy Institute，RAND.

[21]McMurrer J.（2007）.Choices，changes，and challenges：Curriculum and instruction in the NCLB era.Washington，DC：Center for Education Policy.

[22]Haney W.（2000）.The myth of the Texas miracle in education.Education Policy Analysis Archives,8(41)，pt.6，p.10.[2014 - 03 - 01]. http://epaa.asu.edu/epaa/v8n41/.

[23]Southeast Center for Teacher Quality.（2004）.High-stakes accountability in California：A view from the teacher's desk.Teaching Quality Research Matters，12，1 - 2.[2014 - 03 - 01].http://www.teachingquality.org/ResearchMatters/issues/2004/issue12 - Aug2004.pdf，p.15.

[24]Schmidt W H，Wang H C，McKnight C.（2005）.Curriculum coherence：An examination of U.S. mathematics and science content standards from an international perspective.Journal of Curriculum Studies，37(5)，525 - 559.

[25]Organization for Economic Cooperation and Development（OECD）.（2012）.PISA 2 - 2012 results in focus：What 15-year olds know and what they can do with what they know.Paris：OECD.

[26]Gordon Commission on Future Assessment in Education.（2013）.A public policy statement. Princeton，NJ：Educational Testing Service，p.7.

[27]Herman J L，Linn R L.（2013）.On the road to assessing deeper learning：The status of Smarter Balanced and PARCC assessment consortia(CRESST Report No.823).Los Angeles：University of California，National Center for Research on Evaluation，Standards，and Student Testing.

第二章 表现性评价的界定

[1]Madaus G F，O'Dwyer L M.（1999）.A short history of performance assessment.Phi Delta Kappan，80，688 - 695.

[2]Bloom B.（1956）.Taxonomy of educational objectives，Handbook 1：Cognitive domain.White Plains，NY：Longman.

[3]Madaus G F，West M M，Harmon M C，Lomax R G，Viator K A.（1992）.The influence of testing on teaching math and science in grades 4 - 12(SPA8954759).Chestnut Hill，MA：Boston College，Center for the Study of Testing，Evaluation，and Educational Policy；Lomax R G，West M M，Harmon M C，

Viator K A,Madaus G F. (1995).The impact of mandated standardized testing on minority students. Journal of Negro Education，64(2)，171－185.

［4］Pecheone R L,Kahl S. (2010).Developing performance assessments：Lessons learned.Stanford：Stanford University，Stanford Center for Opportunity Policy in Education.

［5］Hong Kong Educational Assessment Authority. (2009).School-based assessment：Changing the assessment culture. ［2014－03－02］.http：//www. hkeaa. edu. hk/en/hkdse/School ＿ based ＿ Assessment/SBA/.

［6］The Assessment Continuum was developed by L.Darling-Hammond (2013) for the Stanford Center for Assessment，Learning，and Equity (Stanford，CA).

［7］Pecheone ＆ Kahl. (2010).

［8］International Baccalaureate Organization. (2005,November).IB Diploma Programme：English A1，higher level，paper 2.［2014－03－02］. http：//www.ibo.org/diploma/curriculum/examples/samplepapers/documents/gp1_englisha1hl2.pdf.

［9］Bennett R E,Persky H，Weiss A R,Jenkins F. (2007). Problem solving in technology-rich environments：A report from the NAEP Technology-Based Assessment Project (NCES 2007－466).Washington，DC：National Center for Education Statistics，US Department of Education.［2014－03－02］. http：//nces.ed.gov/pubsearch/pubsinfo.asp?pubid＝2007466，p.41.

［10］Bennett et al. (2007).p.46.

［11］Summarized using information from the Ohio Department of Education Ohio Performance Assessment Pilot Program website：http://www.ode.state.oh.us/GD/Templates/Pages/ODE/ODEDetail.aspx?page＝3＆TopicRelation ID＝9＆ContentID＝61383＆Content＝78805.［2014－03－02］.

［12］These include schools working with the Center for Collaborative Education in Boston，the New York Performance Standards Consortium，the International High School Network，New Tech High Schools，Envision Schools，the Met Schools，and others.

第三章　美国和其他国家表现性评价的实践

［1］Finnish Matriculation Examination. (2008).［2014－03－02］. http：//www.ylioppilastutkinto.fi/en/index.html.

［2］Singapore Examinations and Assessment Board. (n.d.).Science Investigations Instructions.Author.

[3]Ng P T. (2008).Educational reform in Singapore：From quantity to quality.Education Research on Policy and Practice，7,5－15，p.6.

[4]Hong Kong Educational Assessment Authority. (2009).*School-based assessment：Changing the assessment culture.*［2014－03－02］. http：//www.hkeaa.edu.hk/en/hkdse/School_based_Assessment/SBA/

第四章　表现性评价如何支持学生和教师的学习

[1]Darling-Hammond L，Rustique-Forrester E. (2005). The consequences of student testing for teaching and teacher quality.In J.Herman & E.Haertel (Eds.)，The uses and misuses of data in account-ability testing(pp.289－319).Malden，MA：Blackwell.

[2]Chapman C. (1991，June).What have we learned from writing assessment that can be applied to performance assessment? Presentation at ECS/CDE Alternative Assessment Conference，Breckenbridge，CO；Herman J L,Klein D C D,Heath T M,Wakai S T. (1995).A first look：Are claims for alternative assessment holding up? (CSE Technical Report).Los Angeles：UCLA National Center for Research on Evaluation，Standards，and Student Testing；Koretz D,Mitchell K J,Barron S I,Keith S. (1996).Final report：Perceived effects of the Maryland school performance assessment program(CSE Technical Report). Los Angeles：UCLA National Center for Research on Evaluation，Standards，and Student Testing；Stecher B M,Barron S,Kaganoff T,Goodwin J. (1998).The effects of standards-based assessment on classroom practices：Results of the 1996—1997 RAND survey of Kentucky teachers of mathematics and writing(CSE Technical Report).Los Angeles：UCLA National Center for Research on Evaluation，Standards，and Student Testing；Firestone W A，Mayrowetz D,Fairman J. (1998，Summer).Performance-based assessment and instructional change：The effects of testing in Maine and Maryland.Educational Evaluation and Policy Analysis,20，95－113；Lane S,Stone C A,Parke C S,Hansen M A,Cerrillo T L. (2000，April).Consequential evidence for MSPAP from the teacher，principal and student perspective.Paper presented at the annual meeting of the National Council on Measurement in Education，New Orleans，LA；Koretz D,Stecher B,Deibert E. (1992).The Vermont portfolio program：Interim report on implementation and impact，1991—1992 school year.Santa Monica，CA：RAND；Stecher B,Baron S Chun T,Ross K. (2000).The effects of the Washington state education reform on schools and class-

room(CSE Technical Report).Los Angeles: UCLA National Center for Research on Evaluation, Standards, and Student Testing; Darling-Hammond & Rustique-Forrester. (2005).

[3]Frederiksen J,Collins A. (1989).A systems approach to educational testing.Educational Researcher, 18(9), 27 – 32; National Council on Education Standards and Testing. (1992).Raising standards for American education: A report to Congress, the secretary of education, the National Education Goals Panel, and the American people.Washington, DC: US Government Printing Office, Superintendent of Documents; Resnick L B,Resnick D P. (1982).Assessing the thinking curriculum: New tools for educational reform.In B.G.Gifford & M.C.O'Conner (Eds.).Changing assessment: Alternative views of aptitude, achievement and instruction(pp.37 – 55).Boston: Kluwer Academic.

[4]Lane S,Parke C S,Stone C A. (2002).The impact of a state performance based assessment and accountability program on mathematics instruction and student learning: Evidence from survey data and school performance.Educational Assessment, 8(4), 279 – 315; Stecher B,Barron S,Chun T,Ross K. (2000, August).The effects of the Washington state education reform in schools and classrooms (CSE Technical Report 525).Los Angeles: UCLA National Center for Research on Evaluation, Standards and Student Testing; Stein M K,Lane S. (1996).Instructional tasks and the development of student capacity to think and reason: An analysis of the relationship between teaching and learning in a reform mathematics project. Educational Research and Evaluation, 2 (1), 50 – 80; Stone C A, Lane S. (2003). Consequences of a state accountability program: Examining relationships between school performance gains and teacher, student, and school variables.Applied Measurement in Education, 16(1), 1 – 26.

[5]Newmann F M,Marks H M,Gamoran A. (1996).Authentic pedagogy and student performance. American Journal of Education, 104(8), 280 – 312.

[6]Lane et al. (2002); Parke C S, Lane S,Stone C A. (2006).Impact of a state performance assessment program in reading and writing.Educational Research and Evaluation, 12(3), 239 – 269; Stone & Lane. (2003).

[7]Linn R L, Baker E L,Betebenner D W. (2002).Accountability systems: Implications of requirements of the No Child Left Behind Act of 2001.Educational Researcher, 31(6), 3 – 16.

[8]Borko H,Elliott R, Uchiyama K. (2002).Professional development: A key to Kentucky's educational reform effort.Teaching and Teacher Education, 18,969 – 987; Falk B,Ort S. (1998).Sitting down to score: Teacher learning through assessment.Phi Delta Kappan, 80(1), 59 – 64; Darling-Hammond L. (2004).Standards, accountability, and school reform.Teachers College Record, 106(6), 1047 – 1085; Sheingold K,Heller J I,Paulukonis S T. (1995).Actively seeking evidence: Teacher change through as-

sessment development (Report MS No. 94 – 04). Princeton, NJ: Educational Testing Service; Wolf S, Borko H, McIver M, Elliott R. (1999). "No excuses": School reform efforts in exemplary schools of Kentucky (Technical Report No. 514). Los Angeles, CA: UCLA, Center for Research on Evaluation, Student Standards, and Testing.

[9] Darling-Hammond L, Falk B. (2013). Teacher learning through assessment: How student performance assessments support teacher learning. Washington, DC: Center for American Progress.

[10] Darling-Hammond L. (2010). Performance counts: Assessment systems that support high-quality learning. Washington, DC: Council of Chief State School Officers.

[11] Resnick L. (1995). Standards for education. In D. Ravitch (Ed.), Debating the future of American standards. Washington, DC: Brookings Institution, p.113.

[12] Falk & Ort. (1998).

[13] Darling-Hammond L, Wood G. (2008). Assessment for the 21st century: Using performance assessments to measure student learning more effectively. Washington, DC: Forum for Education and Democracy.

[14] Abedi J, Herman J L. (2010). Assessing English language learners' opportunity to learn mathematics: Issues and limitations. Teachers College Record, 112(3), 723 – 746.

[15] Foster D, Noyce P, Spiegel S. (2007). When assessment guides instruction: Silicon Valley's Mathematics Assessment Collaborative. Assessing Mathematical Proficiency, 53, 137 – 154, p.141.

[16] Paek P L, Foster D. (2012). Improved mathematical teaching practices and student learning using complex performance assessment tasks. Paper presented at the annual meeting of the National Council on Measurement in Education, Vancouver, Canada.

[17] Paek & Foster. (2012).

[18] Wei R C, Schultz S E, Pecheone R. (2012). Performance assessments for learning: The next generation of state assessments. Stanford, CA: Stanford Center for Assessment, Learning, and Equity, p.45.

[19] Personal communication from William Hart, assistant superintendent, Pentucket Regional School District, Massachusetts, November 6, 2012.

[20] Personal communication from Hart.

[21] 检索自 http://www.qualityperformanceassessment.org/mission/testimonials-and-clients/. [2014 – 03 – 02].

[22] Personal communication from Laurie Gagnon, director of the Quality Performance Assessment

initiative，December 17，2012.

［23］Personal communication from Jeanne Sturgess，staff developer，Souhegan High School，Amherst，New Hampshire.

［24］Personal communication from Christina Brown，director of the Quality Performance Assessment's Principal Residency Network，October 23，2012.

［25］Personal communication from Amy Woods，eighth-grade English teacher，Cape Cod Lighthouse Charter School，East Harwich，Massachusetts.

［26］Personal communication from Priti Johari，redesign administrator，Chelsea High School，Massachusetts，November 14，2012.

［27］Personal communication from Johari.

［28］Foster et al. (2007).pp.152 – 153.

第五章　迎接表现性评价的挑战

［1］Koretz D,Mitchell K J,Barron S I,Keith S. (1996).Final report：Perceived effects of the Maryland school performance assessment program (CSE Technical Report). Los Angeles，CA：UCLA National Center for Research on Evaluation，Standards，and Student Testing.

［2］Measured Progress. (2009). Commonwealth Accountability and Testing System：2007—2008 technical report. Version 1. 2. ［2014 – 03 – 02］. http://www. education. ky. gov/KDE/Administrative＋Resources/Testing ＋ and ＋ Reporting ＋/Kentucky ＋ School ＋ Testing ＋ System/Accountability＋ System/Technical＋Manual＋2008.htm.

［3］This section relies heavily on Suzanne Lane's paper developed for this project：Lane S. (2010). Performance assessment：The state of the art.Stanford，CA：Stanford University，Stanford Center for Opportunity Policy in Education.

［4］Lane S,Stone C A. (2006).Performance assessments.In B.Brennan (Ed.)，Educational Measurement.Westport，CT：American Council on Education and Praeger.

［5］Baker E L. (2007).Model-based assessments to support learning and accountability：The evolution of CRESST's research on multiple-purpose measures.Educational Assessment,12 (3&4)，179 – 194.

［6］Lane & Stone. (2006).

［7］Lane S. (2011).Issues in the design and scoring of performance assessments that assess complex thinking skills. In G. Schraw (Ed.), Assessment of higher order thinking skills. Charlotte, NC: Information Age Publishing.

[8]Niemi D, Wang J, Steinberg D H, Baker E L, Wang H. (2007). Instructional sensitivity of a complex language arts performance assessment. Educational Assessment, 12 (3&4), 215 – 238, p. 199.

[9]Chi M T H, Glaser R, Farr M J. (Eds.). (1988). The nature of expertise. Hillsdale, NJ: Erlbaum; Ericsson, K A, Simon, H A. (1984). Protocol analysis: Verbal reports as data. Cambridge, MA: MIT Press.

[10]Measured Progress. (2009). Collegiate Learning Assessment (2010). CLA: Returning to learning. [2014 – 03 – 02]. http://www.collegiatelearningassessment.org/.

[11]Lane. (2011).

[12]Collegiate Learning Assessment. (2010).

[13]Bennett R E, Persky H, Weiss A R, Jenkins F. (2007). Problem solving in technology-rich environments: A report from the NAEP Technology-Based Assessment Project (NCES 2007 – 466). Washington, DC: National Center for Education Statistics, US Department of Education. [2014 – 03 – 02]. http://nces.ed.gov/pubsearch/pubsinfo.asp?pubid=2007466; Deane, P. (2006). Strategies for evidence identification through linguistic assessment of textual responses. In D. M. Williamson, R. J. Mislevy, & I. I. Bejar (Eds.), Automated scoring of complex tasks in computer-based testing(pp. 313 – 362). Mahwah, NJ: Erlbaum.

[14]Klein S, Benjamin R, Shavelson R, Bolus R. (2007). The collegiate learning assessment: Facts and fantasies. Evaluation Review, 31 (5), 415 – 439.

[15]Mislevy R. (1993). Foundations of a new test theory. In Frederiksen N, Mislevy R, Bejar I. (Eds.), Test theory for a new generation of tests(pp. 19 – 40). Hillsdale, NJ: Erlbaum.

[16]Shepard L. (2005). Assessment. In Darling-Hammond Bransford J. (Eds.) Preparing teachers for a changing world: What teachers should learn and be able to do. San Francisco, CA: Jossey-Bass.

[17]Wilson M R, Bertenthal M W. (2006). Systems for state science assessment. Washington, DC: National Academy Press. For a description of England's Assessing Pupils' Progress program, see Darling-Hammond L, Wentworth V. (2010). Benchmarking learning systems: Student performance assessment in international context. Stanford, CA: Stanford University, Stanford Center for Opportunity Policy in Education.

[18]Kane M T. (2006). Validation. In B. Brennan (Ed.), Educational measurement. Westport, CT: American Council on Education & Praeger; Messick, S. (1989). Validity. In R. L. Linn (Ed.), Educational

measurement(3rd ed.，pp.13－104).New York：American Council on Education and Macmillan.

[19]Messick S. (1994).The interplay of evidence and consequences in the validation of performance assessments.Educational Researcher，23 (2)，13－23.

[20]Foote M. (2007).Keeping accountability systems accountable.Phi Delta Kappan，88，359－363；Foote M.(2012).Freedom from high stakes testing：A formula for small schools success.In Hantzopoulos M，Tyner-Mullings A R.(Eds.),Critical small schools：Beyond privatization in New York City urban education reform . Charlotte，NC：Information Age Publishing；New York Performance Standards Consortium. (2012).Educating for the 21st century：Data report on the New York Performance Standards Consortium .New York：Author.

[21]Andrade H L，Du Y，Wang X. (2008).Putting rubrics to the test：The effect of a model，criteria generation，and rubric-referenced self-assessment on elementary school students' writing.Educational Measurement：Issues and Practice ，27 (2)，3－13.参见 Barron B，Schwartz D L，Vye N J，Moore A，Petrosino T，Zech L，Bransford J D. (1998).Doing with understanding：Lessons from research on problem-and project-based learning.Journal of Learning Sciences，7 (3&4)，271－311.

[22]Black P，Wiliam D. (1998).Inside the black box：Raising standards through classroom assessment.Phi Delta Kappan,80，139－148.

[23]Darling-Hammond L，Ancess J，Falk B. (1995).Authentic assessment in action .New York：Teachers College Press；Falk B，Ort S. (1997，April).Sitting down to score：Teacher learning through assessment.Presentation at the annual meeting of the American Educational Research Association，Chicago；Goldberg，G L，Rosewell B S. (2000).From perception to practice：The impact of teachers' scoring experience on the performance based instruction and classroom practice.Educational Assessment,6,257－290；Murnane R，Levy F. (1996).Teaching the new basic skills.New York：Free Press.

[24]Goldschmidt P，Martinez J F，Niemi D，Baker E L. (2007).Relationships among measures as empirical evidence of validity：Incorporating multiple indicators of achievement and school context.Educational Assessment，12 (3&4)，239－266.

[25] Abedi J. (2010). Performance assessments for English language learners. Stanford，CA：Stanford University，Stanford Center for Opportunity Policy in Education.

[26]Abedi J,Lord C. (2001).The language factor in mathematics tests.Applied Measurement in Education，14 (3)，219－234；Abedi J,Lord C，Hofstetter C,Baker E. (2000).Impact of accommodation strategies on English language learners' test performance.Educational Measurement：Issues and Practice，19 (3)，16－26.

[27]Abedi J,Herman J L. (2010).Assessing English language learners' opportunity to learn mathematics: Issues and limitations.Teachers College Record,112 (3), 723 - 746.

[28]Goldberg G L,Roswell B S. (2001).Are multiple measures meaningful? Lessons from a statewide performance assessment.Applied Measurement in Education, 14, 125 - 150; Lane. (2010).

[29]Delaware Department of Education. (2005).Text-based writing item sampler.[2014 - 03 - 02]. http://www.doe.k12.de.us/AAB/files/Grade%208%20TBW%20 -%20Greaseaters.pdf, p.5.

[30]Bennett R E,Persky H,Weiss A R,Jenkins F. (2007).Problem solving in technology-rich environments: A report from the NAEP Technology-Based Assessment Project (NCES 2007 - 466).Washington, DC: National Center for Education Statistics, US Department of Education.[2014 - 03 - 02]. http://nces. ed.gov/pubsearch/pubsinfo.asp? pubid=2007466.

[31]Vendlinski T P,Baker E L,Niemi D. (2008).Templates and objects in authoring problem-solving assessments (CRESST Technical Report 735).Los Angeles: University of California, National Center Research on Evaluation, Standards, and Student Testing.

[32]Bennett et al. (2007).

[33]Bennett R E. (2006).Moving the field forward: Some thoughts on validity and automated scoring.In D. M. Williamson, R. J. Mislevy, I. I. Behar (Eds.), Automated scoring of complex tasks in computer-based testing(pp.403 - 412).Hillside,NJ: Erlbaum; Bennett R E,Gitomer D H. (2009).

[34]Pecheone R L,Kahl S. (2010).Developing performance assessments: Lessons learned.Stanford: Stanford University, Stanford Center for Opportunity Policy in Education.

第六章 提供负担得起的高质量评价

[1]The College Board charged $ 89 per subject in 2013 for its Advanced Placement exam.[2014 - 03 -02]. http://www.collegeboard.com/student/testing/ap/cal_fees.html.In 2012, each subject test for the International Baccalaureate (IB) program cost $ 104, plus a one-time registration fee of $ 151. [2014 -03 - 02]. http://www.mpsaz.org/westwood/academics/ib/parent_group/files/ib_exam_fees.pdf. IB does not publish test prices on its website; however, multiple school websites, including this one, provide identical figures.

[2]Chingos M. (2012).Strength in numbers: State spending on K - 12 assessment systems.Washington, DC: Brookings Institution; Topol B, Olson J, Roeber E, Hennon P. (2013).Getting to higher-

quality assessments: Evaluating costs, benefits, and investment strategies. Stanford, CA: Stanford University, Stanford Center for Opportunity Policy in Education.

［3］Topol et al. (2013).

［4］All calculations of the cost in 2009 dollars were made using the CPI calculator available from the US Bureau of Labor Statistics at http://data.bls.gov/cgi-bin/cpicalc.pl.

［5］Picus L, Adamson F, Montague W, Owens M. (2010). A new conceptual framework for analyzing the costs of performance assessment. Stanford, CA: Stanford University, Stanford Center for Opportunity Policy in Education. 亦参见 US General Accounting Office. (1993). Student extent and expenditures, with cost estimates for a national examination (Report GAO/PEMD-93-8). Washington, DC: Author.

［6］US GAO. (1993); Stecher B. (1995). The cost of performance assessment in science: The RAND perspective. Presentation at the annual conference of the National Council on Measurement in Education, San Francisco.

［7］Hardy R A. (1995). Examining the costs of performance assessment. Applied Measurement in Education, 8(2), 121-134.

［8］Topol B, Olson J, Roeber E. (2010). The cost of new higher-quality assessments: A comprehensive analysis of the potential costs for future state assessments. Stanford, CA: Stanford Center for Opportunity Policy in Education.

［9］Feuer M J. (2008). Future directions for educational accountability: Notes for a political economy of measurement. In Ryan K E, Shepard L A.(Eds.), The future of test-based educational accountability. New York: Routledge; Picus et al. (2010); Darling-Hammond L, Rustique-Forrester, E. (2005). The consequences of student testing for teaching and teacher quality. In Herman J, Haertel E.(Eds.), The uses and misuses of data in accountability testing (pp.289-319). Malden, MA: Blackwell.

［10］McLaughlin M. (2005). Listening and learning from the field: Tales of policy implementation and situated practice. In A. Lieberman (Ed.), The roots of educational change (pp.58-72). New York, NY: Teachers College Press, p.60.

［11］For a recent review of professional development offerings and effectiveness, see Wei R C, Darling-Hammond, L, Andree A, Richardson N, Orphanos S. (2009). Professional learning in the learning profession: A status report on teacher development in the United States and abroad .Dallas, TX: National Staff Development Council and Stanford, CA: Stanford Center for Opportunity Policy in Education.

［12］Odden A, Goertz M, Goetz M, Archibald S, Gross B, Weiss M, Mangan M T. (2008). The cost of instructional improvement: Resource allocation in schools using comprehensive strategies to change classroom practice.Journal of Education Finance , 33 (4), 381 – 405, p.399.

第七章 构建评价系统

［1］New Hampshire Department of Education. (2013).Enriching New Hampshire's assessment and accountability systems through the Quality Performance Assessment Framework. Author，p. 9.［2014 – 03 –02］. http://www.education.nh.gov/assessment-systems/documents/executive-summary.pdf.

［2］American Educational Research Association，American Psychological Association，& National Council on Measurement in Education. (1999).Standards for educational and psychological testing.Washington，DC：American Educational Research Association.

［3］Darling-Hammond L. (1992—1993，Winter).Creating standards of practice and delivery for learner-centered schools.Stanford Law and Policy Review，4，37 – 52.

索 引

A

Abedi, J., 67, 68 - 69, 70

阿贝迪

Achieve, 6

实现

Achievement outcomes, 4, 44, 52

学业成就结果

"Acid Rain Task", 32 - 34

"酸雨任务"

Advanced Placement program, 9, 14, 61, 75, 122n.6:1

(美国)大学预修课程项目

Alberta, Canada, 62

阿尔伯塔省,加拿大

A-level exams, 28

A 类水平普通教育考试

Analytic skills, 90

分析技能

Application of knowledge and skills, 7

知识和技能的应用

Artificial intelligence, 73, 77

人工智能

Assessment Solutions Group (ASG), 79 - 83

评价解决方案集团

Auditing, of performance tasks and scores, 62, 73, 74, 94, 102

审计, 表现性任务和分数

Australia: assessment systems in, 91 - 93

澳大利亚: 评价系统

Automated scoring, 63, 81

自动化评分

B

Baron, J.B., 78

巴伦

Biology exam, high school, 37 - 38

生物考试, 高中

Black, P., 66

布莱克

Bloom, B., 17

布鲁姆

Bloom's taxonomy, 17 - 18

布鲁姆的认知分类法

Breland, H.M., 78

布里兰

Brown, C., 52

布朗

C

Calibration，46，61，62 - 63，72 - 73

标定

California Assessment Program，78

加利福尼亚州评价项目

Cape Cod Lighthouse Charter School，East Harwich，Massachusetts，53 - 54

鳕角灯塔特许学校，东哈维奇，马萨诸塞州

Center for Collaborative Education，116n.2：12

合作教育中心

Center on Education Policy，6 - 7

教育政策中心

Chelsea High School，Massachusetts，54

切尔西高中，马萨诸塞州

Cognitive demand：of consortia assessments，10

认知要求：联盟评价

Cognitive skills，taxonomy of，17 - 19

认知技能，分类法

Collaboration，educator，52，54，73

合作，教育工作者

Collaboration skills，88

合作技能

College administrations：multiple assessment data needed by，89，99，100

大学行政管理：所需的多种评价数据

College and career readiness：beyond Common Core State Standards，13

大学和职业准备：超越《共同核心州立标准》

College and Work Ready Assessment，23

大学和职业准备评价

Collegiate Learning Assessment (CLA)，23 - 24，63

高校学习评价

Common Core State Standards (CCSS)：consortia assessments for，10 - 13，81，83

《共同核心州立标准》：联盟评价

Communication skills，88

沟通技能

Computer navigation system，73

计算机导航系统

Computer-based assessment：correlations of human-based assessment and，63

计算机评分：与人工评价的相关系数

Connecticut Assessment of Educational Progress，78

康涅狄格州教育进展评价

Consequences validity，66 - 67

结果效度

Construct irrelevant variance，59

建构无关方差

Context，in performance task，67

环境，表现性任务

Continuous improvement，111

持续改进

Continuous inquiry and improvement，53

持续的探究和改进

Continuum of assessments，19 - 29

评价的连续体

Cost-benefit perspective，83 - 86，107 - 18

成本效益观

Council for Aid to Education，23

教育协助委员会

Critique an Argument performance task，23 - 24

评论观点的表现性任务

Culminating projects，28 - 29

毕业项目

Culture of inquiry，51 - 54

探究文化

Curriculum：impact of high-stakes testing on，6 - 8

课程:高利害关系考试的影响

Curriculum-embedded performance tasks，examples of，25 - 26

嵌入课程的表现性任务,样例

D

Delaware state assessment，71 - 72

特拉华州评价

Diagnostic use，of performance assessments，45，70，107

诊断作用,表现性评价

"Disaster in the Gulf Project"，27 - 28

"海湾灾难研究项目"

Distractor choices，68

干扰项选择

Driving test，15 - 16，43

驾驶执照考试

E

Economies of scale，77，79

规模效益

Educational Testing Service (ETS)，9，72

教育考试服务中心

English Language Arts tests,75

英语语言艺术考试

English Language Learners（ELLs）：ensuring fairness for，67 – 71；linguistic modification for，59，68 – 71；task piloting for，60，70 – 71

英语语言学习者：确保公平；语言修改；任务试验

Envision Schools，116n.2：12

愿景学校

Evaluation skills，17

评价技能

Evidence-based teaching，47，51

基于证据的教学

Examinations boards，62，91

考试委员会

Explanation task，59 – 60

解释任务

External moderators，62，94

外部协调人

F

Factory skills，2

工厂技能

Fairness，47，67 – 71，73

公平

Feasibility，71 – 74

可行性

Federal accountability，104 – 105

联邦问责

Formative assessments：in assessment systems，88，102 – 103

形成性评价：在评价系统中

G

Gagnon，L.，51

加尼翁

General Accountability Office（GAO），4

美国审计总署

General Certificate of Secondary Education（GCSE），36－37，91

普通中等教育证书

Geometry proofs，78

几何证明题

Grade point average，97

平均学分绩点

Graduation decisions，99

毕业决策

Graduation portfolios，28－29，32，90－91

毕业档案袋

H

Hands-on inquiry tasks，22－23

实践性探究任务

Hawaii，59－60

夏威夷

"Heating Degrees Task"，26

"采暖任务"

Herman，J.L.，10

赫尔曼

High-achieving nations：assessment systems of，91－93

高学业成就国家：评价系统

High-stakes assessment：cost-benefit perspective on，83－86，107－108

高利害关系评价：成本效益观

Hill，R.，78

希尔

History tests，21，32

历史考试

Hong Kong，19，63

香港

I

Illinois，16－17

伊利诺伊州

Industrial economy，2

工业经济

Innovation Lab Network，13－14

创新实验室网络

Inquiry standard，90

探究标准

Instruction：coherence in，51－54

教学：一致性

Interdisciplinary projects，39－41

跨学科项目

International Baccalaureate exam：costs of，75，122n.6：1

国际学士学位考试：成本

International competitiveness，1，3

国际竞争

International reform，3

国际改革

International standards，1，9

国际标准

International High School Network，116n.2：12

国际高中网络

Interrater reliability，61 - 63

评分员之间的信度

J ———————————————————————————

Johari，P.，53

约哈里

Jones，R.J.，78

琼斯

Juried exhibitions，28，116n.2：12

有评判团的展览

K ———————————————————————————

Kentucky：performance assessment in，4，32，43，44，73，74

肯塔基州:表现性评价

L ———————————————————————————

Lane，S.，44，59 - 60

莱恩

Large-scale performance assessment：affordability of，75 - 86

大规模表现性评价：支付能力

Learning progressions，64 - 65，72，92 - 93

学习进展

Leather，P.，53 - 54

莱瑟

Levy，F.，53 - 54

利维

Licensure examinations，72

资格证书考试

Linguistic modification，68 - 71

语言润色

Linn，R.，44

列恩

Local accountability，104 - 105

地方问责

M

Maine，4，31 - 34，43，44，90

缅因州

Make an Argument performance task，23 - 24

提出观点的表现性任务

Maryland，4，43，44，90

马里兰州

Maryland School Performance Assessment Program，44

马里兰州学校表现性评价项目

Math Online Project，63

数学在线项目

Mathematical models，88

数学模型

Mathematics Assessment Collaborative，54－55

数学评价合作组织

Mathematics Assessment Resource Service（MARS），48－49

数学评价资源服务中心

Matrix sampling，90

矩阵取样

Mislevy，R.，63

梅斯雷弗

Missouri，32，43

密苏里州

Moderation processes，46，52－53，61，62－63，94

评分协调程序

Morris，M.M.，78

莫里斯

Motivation，student，97

动机，学生

Murnane，R.，2

莫尼恩

N

National Assessment of Educational Progress（NAEP）：achievement outcomes and，44

全国教育进展评价:学业成就结果

National Science Foundation，18

国家科学基金会

Netherlands，94

荷兰

New Jersey Special Review Assessment（SRAs），68，69－70

新泽西州特殊评审评价

New York，43，73，74，90

纽约

New York Performance Assessment Consortium，66

纽约表现性评价联盟

New York Performance Standards Consortium，28－29，91，116n.2：12

纽约表现性标准联盟

New York State Regents Examinations：overview of，74

纽约州大学评议会考试：概述

Next Generation State Standards（NGSS），9

《新一代州标准》

No Child Left Behind（NCLB）：costs of assessments for，75，79－83

《不让一个孩子掉队》法案：评价成本；目标；影响，教学；影响，州评价；提高

O

Office of Technology Assessment，78

技术评价中心

Ohio Performance Assessment Project，25－26，49

俄亥俄州表现性评价项目

On-demand testing：in assessment systems，90

定制测试：评价系统

Online research skills assessment，23

在线研究技能评价

Opportunity costs，83－84

机会成本

P

Partnership for Assessment of Readiness for College and Careers (PARCC)，10

大学和职业准备评价联盟

Peer assessments，95

同伴互评

Physics performance tasks，16 – 17，18 – 19，63

物理表现性任务

Policies，accountability，103 – 105

政策，问责

Policymakers，14，89，90，95，100

决策者

Portfolios：in assessment systems，28 – 29

档案袋：评价系统

Professional development：cost-benefit perspective on，85

专业发展：成本效益观

Professional development days，teacher scoring on，74，83

专业发展日，教师评分

Professional development institutes，102

专业发展协会

Professional standards of practice，104

专业实践标准

Program for International Student Assessment (PISA)，8，19

国际学生评估项目

Progress map，64 – 65

进度图

Proxy items，68

代理题目

Q

Quality Performance Assessment（QPA）initiative，50 - 54

优质表现性评价计划

Queensland，Australia，62 - 63，91 - 94

昆士兰州，澳大利亚

Queensland Curriculum，Assessment，and Reporting Framework（QCAR），92

《昆士兰州课程、评价与汇报框架》

R

RAND Corporation，4 - 5

兰德公司

Regional support networks，102

地区支持网络

Reidy，E.，78

里迪

Research，extended，88

研究，拓展型

Resnick，L.，46

雷斯尼克

Review，task，60 - 61

评审，任务

Rhode Island，31 - 32，43，90 - 91

罗得岛州

Rock，D.A.，78

罗克

S

School achievement，impact of performance assessments on，44

学校学业成就，表现性评价的影响

School coherence，51－54，92

学校一致性

School-level accountability，104，109

学校层面的问责

Science standards，9，16

科学标准

Science tests, standardized，18

科学考试，标准化的

Self-assessments，95

自我评价

Self-reports，97

自陈报告

Silicon Valley Mathematics Initiative，48

硅谷数学计划

Simulation tasks，22－23，63，72

模拟任务

Singapore：assessment system of，3，28，39－41，91，94

新加坡：评价系统

Smarter Balanced Assessment Consortium（SBAC），10，101；costs of，76，83；sample performance tasks of，10－11，12

智能平衡评估联盟；成本；表现性任务取样

Solution strategies，88

解决策略

Standards for Educational and Psychological Testing，98

教育和心理测试标准

State accountability，104－105

州问责

Stecher，B.，5

斯特克

Stevenson，Z，78

史蒂文森

Student learning opportunities：accountability for，104，109 - 111

学生学习机会：问责

Sturgess，J.，51 - 52

斯特奇斯

Summative assessments：in assessment systems，88，102 - 103

终结性评价：评价系统

Synthesis skills，defined，17

综合技能，定义

System learning，111

系统学习

T

Table leaders，62

组长

Task design：efficiencies in，71 - 72

任务设计：效益

Task input，routine and nonroutine，2

任务输入，常规和非常规

Teacher discussions：learning in，46，47，51 - 54

教师讨论：学习

Teacher-moderated scoring cost-reduction strategy，81

教师协调评分的成本降低策略

Teaching to the standards，46

达标教学

Teaching to the test，6

应试教学

Technological advances，14，72 - 73.

科技进步

Technology portfolio，32，91

技术档案袋

Templates，59 - 60

模板

Transcripts，96

成绩单

Transferable learning：in cost-benefit perspective，83，84

迁移性学习：成本效益观

Twenty-first-century skills：demand for，2 - 3

21 世纪技能：要求

U

US Bureau of Labor Statistics，123n.4

美国劳工统计局

US Department of Education，4，57

美国教育部

University of California，Berkeley，2 - 3

加州大学，伯克利

V

Vermont：performance assessments in，4，32，43，44，73，90

佛蒙特州：表现性评价

Victoria，Australia，37 – 38

维多利亚州，澳大利亚

W

Washington State，4，44

华盛顿州

William，D.，66

威廉

Writing portfolios，32，58

写作档案袋

Writing tests，constructed-response items in，21 – 22，32

写作考试，建构性应答题

"测试(进而教授)21世纪学校教育中真正重要的内容,要求我们获取学生将知识运用于复杂多变的现实任务中的情况。这些测评拓展了我们的专业技术,同时也须直面根深蒂固的文化规范和饱受争议的政见纷争。在这本书中,学术权威提供了最前沿的专业知识和实用性见解,为倡导、开发、采用和实施至关重要的测评,并从中进行学习提供了迫切需要的指导。"

——福特基金会教育机会与奖学金部主任珍妮·奥克斯(Jeannie Oakes)

"《新一代测评》倡导一种前瞻性的、主动积极的方法,以尊重学生作为个体学习者和尊重教育工作者作为专家的方式评价学生学习。琳达·达令-哈蒙德和同事们出色地描述了表现性评价如何能成为关键性教学过程中有意义的一部分,而不是替代之。在教育工作者们竭力摆脱要求学生填写标准答案的低质量考试之际,此书提供了一种前景广阔的途径,它通过对教育工作者和学生都有益的方式,使教育工作者参与表现性评价的开发和评价。教育工作者们一直大声疾呼常识性的解决方法,这本著作就将提供!"

——美国教育协会主席丹尼斯·凡·洛可(Dennis Van Roekel)

"《新一代测评》帮助读者战略性地思考美国公立学校的问责和评价体系,理解表现性评价的方法如何(取代死记硬背)支撑学校提供深度学习机会和更高的教学标准。这是学生获取独立生活、公民身份认同、大学和职业所需的技能和知识的方式。在这本重要的著作中，琳达·达令-哈蒙德和同事们展示了对迈向更好的考试和问责之路的认知高度，只要我们愿意上路。"

——美国教师联合会主席兰迪·温加滕（Randi Weingarten）

"这本书以全新的视角，阐释了教育考试政策如何影响了保障学生成功的思考能力和学习方式的测量。琳达·达令-哈蒙德和同事们为教育政策的决策者转向均衡的表现性评价提供了所需的时间和资源基础，均衡的表现性评价超越考试分数，指向更真实的教学。"

——全美小学校长协会执行理事盖尔·康纳利（Gail Connelly）

"在50个州的教育领导们都还纠结于如何转向一种表现性评价的系统，并体现出所寻求的更严格的深度学习结果的关键时刻，这本书出现了。它是一份指向当前的政策和实践的卓越指南，指导决策者和实践者过渡到一种真正对所有学生和教师产生影响、提供信息和提升学习的评价系统。"

——卓越教育联盟主席、《有效提高成绩》的作者鲍勃·怀斯（Bob Wise）

湖南省版权局著作权合同登记图字：18-2018-373

图书在版编目（CIP）数据

新一代测评：超越标准化考试，促进 21 世纪学习／（美）
琳达·达令-哈蒙德（Linda Darling-Hammond）编；韩芳
译. —长沙：湖南教育出版社，2020.3（2023.1重印）
（21 世纪学习与测评译丛）
书名原文：Next Generation Assessment：Moving Beyond
the Bubble Test to Support 21st Century Learning
ISBN 978 - 7 - 5539 - 6483 - 6

Ⅰ.①新… Ⅱ.①琳… ②韩… Ⅲ.①教育测量—研究
Ⅳ.①G40 - 058.1

中国版本图书馆 CIP 数据核字（2018）第 255733 号

XINYIDAI CEPING
CHAOYUE BIAOZHUNHUA KAOSHI CUJIN 21 SHIJI XUEXI

书　名	新一代测评：超越标准化考试，促进 21 世纪学习	
策划编辑	李　军	
责任编辑	武龙梅　李　军	
责任校对	刘　源　王怀玉　殷静宇	
装帧设计	肖睿子	
出版发行	湖南教育出版社（长沙市韶山北路 443 号）	
网　址	www.bakclass.com	
电子邮箱	hnjycbs@sina.com	
微信号	贝壳导学	
客服电话	0731 - 85486979	
经　销	湖南省新华书店	
印　刷	湖南省众鑫印务有限公司	
开　本	787 mm×1092 mm　1/16	
印　张	8.5	
字　数	120 000	
版　次	2020 年 3 月第 1 版	
印　次	2023 年 1 月第 2 次印刷	
书　号	ISBN 978 - 7 - 5539 - 6483 - 6	
定　价	48.00 元